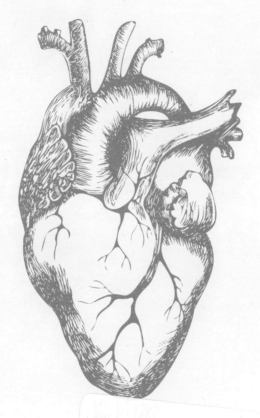

FELIPE ROCHA
@tipobilhete

NEM TODO AMOR TEM UM FINAL FELIZ. E TÁ TUDO BEM.

astral cultural

Copyright © 2020, Felipe Rocha
Todos os direitos reservados à Astral Cultural e protegidos pela Lei 9.610, de 19.2.1998.
É proibida a reprodução total ou parcial sem a expressa anuência da editora.
Este livro foi revisado segundo o Novo Acordo Ortográfico da Língua Portuguesa.

Produção editorial Aline Santos, Bárbara Gatti, Bruna Villela, Fernanda Costa, Fernada Villas Bôas, Tâmizi Ribeiro e Natália Ortega
Capa Marina Avila   **Ilustração capa** moopsi/Shutterstock
Foto miolo Arquivo pessoal

Ilustrações miolo alex74/Shutterstock, Bodor Tivadar/Shutterstock, Drawlab19/Shutterstock, Elegant Solution/Shutterstock, Julia Poleeva/Shutterstock, juliawhite/Shutterstock, La corneja artesana/Shutterstock, Lazerko Art/Shutterstock, Manekina Serafima/Shutterstock, nikiteev_konstantin/Shutterstock, onot/Shutterstock, oxanaart/Shutterstock, RABBIT RUN 11/Shutterstock, Rana Des/Shutterstock, Rawpixel.com/Shutterstock, TataNova/Shutterstock, Val_Iva/Shutterstock, Wondervendy/Shutterstock e Yuliya Koldovska/Shutterstock

Dados Internacionais de Catalogação na Publicação (CIP)
Angélica Ilacqua CRB-8/7057

R573n	Rocha, Felipe Nem todo amor tem um final feliz : e tá tudo bem Felipe Rocha. — Bauru, SP : Astral Cultural, 2020. 192 p. : il. ISBN: 978-65-81438-02-9 1. Literatura brasileira 2. Amor 3. Poesia I. Título
19-2831	CDD B869

Índices para catálogo sistemáticos:
1. Literatura brasileira B869

 Astral Cultural Editora Ltda

BAURU
Joaquim Anacleto Bueno, 1-20
Jardim Contorno
CEP 17047-281 -
Telefone: (14) 3879-3877

SÃO PAULO
Rua Augusta, 101
Sala 1812, 18º andar
Consolação
CEP 01305-000
Telefone: (11) 3048-2900

E-mail: contato@astralcultural.com.br

Dedicado a todos os
amores e os desamores
que passaram por minha vida
e me fizeram compreender
a diferença entre ser de alguém
e ser com alguém.

PARA ACOMPANHAR SUA LEITURA

Este livro tem uma playlist especial, que vai fazer com que você mergulhe ainda mais nos textos. É só abrir o QR Code acima ou o link spoti.fi/2MUTTwj e deixar fluir enquanto você absorve todos seus sentimentos.

1

INÍCIO DA PAIXÃO

UM NOVO AMOR

Por inúmeras vezes, pensei ter encontrado "a sorte de um amor tranquilo", como Cazuza cantou, mas o doce sabor da paixão logo amargava e caía direto no esquecimento. Resolvi deixar pra lá. Parei de procurar por alguém com quem eu pudesse dormir e decidi esperar a pessoa que, de fato, me faria despertar desse sonho maluco.

Quando me vi sem saída em um deserto de bons sentimentos e abundante em desinteresse, você apareceu, como um oásis. Não pensei duas vezes e mergulhei. Para a minha surpresa, não estava sonhando.

Já era metade de fevereiro, e a ansiedade para o Carnaval fazia meu peito vibrar mais forte que bateria de escola de samba. Enquanto eu esperava apenas o início da festa, quem invadiu o meu coração foi a atração principal. Não se vestia com dezenas de cores ou adereços que lembravam a festa:

ela ia na contramão do clichê. O sorriso era lindo como um arco-íris, mas vestia cinza, pois sabia que nenhuma cor estampada em suas roupas definiria o quão incrível seria a sua vida. E foi dentro daqueles lindos olhos que consegui enxergar o seu mundo, onde só entravam convidados.

Lá, não precisei voar alto para enxergar o quão grandioso e incrível era tudo aquilo, pois seu mundo era transparente, mas seus sonhos e planos eram nítidos e admiráveis como um diamante. E foi ali, com os pés no chão, que me mostrou toda a sua calmaria e imensidão.

E não pense que me pediu para ficar: fui eu quem decidiu isso. Faria de tudo para permanecer em sua vida. A teimosia sempre foi o meu forte. E *check*, mais uma coisa em comum. Parece que combinamos. Parece que o tempo anda devagar quando estamos juntos. Era apenas o terceiro dia, mas pareciam três anos. Parece que agora estamos juntos.

Somos muito parecidos. Nos parecemos no modo de pensar, de ver o mundo, as pessoas e até nos pequenos detalhes, que são dignos de comédias românticas. Sabemos ser muito felizes, mesmo com muito pouco. Somos realmente parecidos. Admirei sua clareza e a repulsa aos joguinhos e padrões baratos de gente chata que se diz ter gênio forte. Aliás, gênio forte tem a pessoa que consegue arrancar sorrisos espontâneos e causar frios na barriga apenas com uma conversa. Ter marra exorbitante e gostar de flertar com jogos não é ter gênio forte.

Quando vi que seus planos superavam os finais de semana, meu coração se sentiu em casa.

Parece que somos incríveis. Parece que serei feliz.

Por essas e outras, te vi com bons olhos.

O AMOR NUNCA FOI
QUESTÃO DE TEMPO.
EM POUCAS SEMANAS,
ALGUÉM INCRÍVEL PODE
APARECER SEM AVISAR
E ARRUMAR TUDO
AQUILO QUE ESTAVA
QUEBRADO HÁ ANOS
DENTRO DE VOCÊ.

BONS OLHOS

Estamos tão acostumados a flertar com desamores que, quando alguém incrível aparece, ficamos perdidos e estragamos tudo. Esta geração está se acostumando com catástrofes. E no amor não é diferente.

Passamos anos aceitando pessoas medíocres, então, quando alguém aparece com o que realmente merecemos, entramos em conflito e acreditamos não merecer tanto.

O medo é tanto que é só uma pessoa boa aparecer que logo a colocamos na primeira fileira da prateleira dos amigos: "você vai para a *friend zone*", decidimos. Acabamos brincando com sentimentos alheios por medo de nos machucar. Por medo de arriscar. Por medo de não alcançar as expectativas que corações alheios colocam sobre nós.

Mas, acredite, essa atitude infantil tem fundamento. Vem cá, analise comigo: você pede uma boneca (algo que você deseja para a sua vida) como presente de Natal, se comporta o ano inteiro para ganhá-la (teve boas atitudes) e, quando recebe o seu presente, deixa ele empoeirando no melhor lugar da prateleira. Esse cuidado é admirável, mas preste atenção: alguém sempre irá querer as oportunidades que a vida ofereceu a você. Não vacile. Sempre terá alguém com mais disposição esperando a janela se abrir.

Crescemos sufocados por convivências e histórias onde reinou o amor tóxico e acabamos criando o hábito de fechar os olhos para aquilo que, na realidade, deveríamos olhar com admiração e carinho.

Sim, ainda existe amor que não sufoca. Pelo mundo, ainda existem jardineiros que cultivam sentimentos e cuidam de cada detalhe, com a paciência de quem cria um bonsai. Abra os olhos e veja um mundo de oportunidades que diariamente esbarram em você. Mas não procure encontrar o que você merece em terras desconhecidas, pois a leveza ainda está no acaso. E, quando chegar a hora de você saltar de cabeça, garanto que não vai doer.

VOCÊ MERECE ALGUÉM
QUE FALE DE VOCÊ
COMO SE TIVESSE
TIDO A SORTE
DE TER DESCOBERTO
UMA NOVA GALÁXIA.

RECIPROCIDADE

Sempre pensei que, de fato, não pudéssemos escolher por quem nos apaixonamos, mas isso é uma grande mentira. Não podemos forçar uma outra pessoa a gostar de nós, mas podemos nos retirar de onde não somos bem-vindos.

Quando aprendi o que era reciprocidade e notei que é possível escolher um amor leve e gostoso, meu coração se abriu tranquilo para o amor. Mas em tempos em que o "eu te amo" é oferecido como brinde a qualquer sorriso amarelo, reforcei o meu cuidado.

Reciprocidade vai muito além do "eu também te amo" ou de qualquer tipo de "eu também". Demonstrar, cuidar e, acima de tudo, sentir empatia por alguém que decidiu te eleger como principal companhia da vida é um quebra-cabeças que não se monta só.

Em uma de nossas conversas, servi um banquete de amor e sinceridade, tendo a intenção de me retirar caso não compartilhássemos do mesmo prato. Para a minha surpresa, fizemos um belo brinde à tal reciprocidade.

É tão gostoso quando o tempo confirma que amadurecemos e que toda a recíproca dada à indiferença de outros desamores foi certeira e nos trouxe para aquele momento único com uma pessoa incrível.

Em paz com meus sentimentos e expectativas, decidi jogar limpo. Quero cuidar do seu coração com a mesma intensidade que você cuidará do meu.

COM VOCÊ,
PODE SER
QUE EU NÃO
TENHA TUDO,
MAS SEI QUE TEREI
UM POUCO MAIS
QUE O RESTO
DO MUNDO.

JOGO LIMPO

No jogo do amor, sempre apostei todas as fichas em meu coração. Mas o tempo passou e notei que ter alguém para compartilhar bons momentos e perrengues malucos é essencial.

Resolvi jogar na mesa tudo o que estava protegido em meu peito. Comecei falando das centenas de receitas que pretendo reproduzir, combinadas aos filmes aclamados pela crítica que separei para vermos naquele dia em que tinha tudo para ser um saco.

Mudei a minha playlist para colaborativa e quero que você contribua em todos os sons que a minha vida toca. Da calmaria à turbulência. Do blues ao rock. Te quero comigo. Dançando em descompasso uma música que chamaremos de nossa.

Teremos nossas quartas gourmet, e vou cozinhar todas as minhas especialidades para você. Do ovo ao risoto. Do brigadeiro de panela à mousse refinada que vi naquele canal de TV. Às quintas, iremos ver filmes retrô ou apenas jogar videogame, fugindo de bares e outras muvucas. Quero um tempo para recarregar minhas energias com a cabeça em seu peito. Quero o mundo para chamar de nosso. Mas, quando o cansaço bater e você me disser que não quer fazer nada, tudo bem. Colocamos uma música baixinha e iniciamos a sessão cafuné.

Quero cantar e te encantar. Subir na mesa e gritar para o mundo todo o quanto sou feliz com você. Pode parecer coisa de gente maluca, mas maluquice seria pecar pela escassez de sentimentos e te perder.

Nossa conexão é forte, mais sincera que amizade de infância e mais transparente que os vidros dos prédios da Paulista. Falando nisso, salvei um café incrível para irmos por lá. E também uma lista de perguntas que prometem fazer duas pessoas se apaixonarem.

Desculpe a minha pressa, mas a vida é uma só. E aprendi que guardar sentimentos e vontades intoxica até os corações mais calejados.

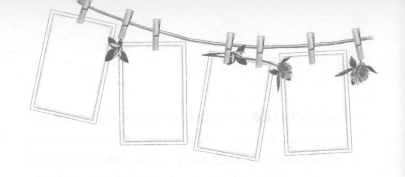

É TÃO INCRÍVEL RECORDAR
O EXATO MOMENTO EM
QUE CONHECEMOS ALGUÉM
E LEMBRAR DE COMO
NÃO TÍNHAMOS IDEIA
DO QUÃO IMPORTANTE
ESSA PESSOA SERIA
EM NOSSAS VIDAS.

O ENCONTRO

Ao primeiro convite para sairmos, me peguei no dilema do "não tenho nem roupa para isso". Bobagem! A melhor maneira de se dar bem é se vestir de coração sincero. Somente a sinceridade e a espontaneidade serão capazes de conquistar uma pessoa. E, cá entre nós, lindo mesmo é quem é de verdade. Quem fala sem amarras, sem vergonha de parecer exagerado e demonstrando vontade de nos conhecer. Tem coisa melhor que a intensidade? Gargalhadas e olhares de vontade. Eu me amarro.

E me amarrei do início ao fim. Da entrada de fritas com trocas de carinho de pontas de dedo, do prato principal acompanhado de boas histórias, até a saideira, que brindamos com um beijo que marcou o auge de um encontro perfeito.

No brinde, desejei saúde, mas também amor, prazer e sinceridade. Desejei sorrisos sinceros e simplicidade. Mas o que eu sempre desejei foi poder ser eu, do jeito mais puro e real possível. Em todo tipo de relação, seja você. Não seja um personagem. O tempo passa e as mentiras são reveladas. E, cá entre nós, ninguém consegue interpretar o mesmo personagem para sempre.

NÃO EXISTE NADA MAIS
SENSUAL E ATRAENTE DO QUE
A SINCERIDADE DE QUEM
SABE O QUE QUER.
É TÃO LINDO QUEM NOS ENCONTRA
E DEIXA O CELULAR DE LADO,
PRESTA ATENÇÃO NO AGORA,
SE FAZ BOM OUVINTE
E INTERESSADO.
É A PESSOA MAIS SEXY DO MUNDO
AQUELA QUE SE IMPORTA,
OLHA NO OLHO
E, DE QUEBRA, NOS ENTREGA
O CORAÇÃO SEM NENHUMA ARMADILHA.

DIA SEGUINTE

A linha é tênue. De um lado, temos o encontro bem-sucedido e a vontade de nos ver de novo. Do outro, apenas o que virou uma lembrança de um passatempo noturno. Então, como identificar o que rolou? Com o termômetro do dia seguinte.

O termômetro esfria a cada minuto sem procura. O coração esquenta com a possibilidade do talvez.

Uma vez, li uma lista de "regras de boas maneiras do amor" que dizia que a pessoa deve esperar três dias para demonstrar interesse e ir atrás da outra, pois, assim, o possível amor da sua vida não se sente pressionado nem assustado.

Como assim? 3 dias? 72 horas? 4.320 minutos? Não dá... Eu não consigo. Que me desculpem os gurus das relações modernas, mas o meu tempo é valioso demais, assim como as pessoas que acredito serem ideais para mim.

Quando me disponho a conhecer alguém, quero ter uma conexão sincera. Sem filas de espera. Se gosto, falo! Se quero, peço! Simples assim. "Quer?" "quero!" "vamos?" "tô passando aí."

Já estava com o coração vibrando de saudade quando o telefone vibrou. O meu sorriso acendeu mais rápido que fogo em palha. A mensagem dizia que a saudade já estava fazendo morada por lá. E que a minha falta pedia mais de nós dois.

Inexplicavelmente e automaticamente, o meu coração já fez backup desse amor.

QUERO VER O SEU SORRISO
E SABER DA SUA VIDA
TODO SANTO DIA.
ATÉ CHEGAR O MOMENTO
EM QUE TODOS OS SEUS
DIAS SEJAM INTEIRAMENTE
AO MEU LADO.

COMPROMETIMENTO

Você merece alguém que sinta sua falta quando estiver ausente, que vibre com sua vitória e que te apoie em seus momentos de aflição. Essa é a pessoa que desejo em sua vida, pois você merece.

Alguém que continue te procurando, mesmo depois de ter te encontrado. Que se apaixone diariamente por seus lindos detalhes e raros defeitos. Você merece alguém que não lhe diga apenas que tudo vai ficar bem, mas que tome as atitudes para que o bem reine novamente em seu coração.

Alguém que engane a rotina e te faça viver loops intermináveis de um amor inexplicável.

Alguém que tenha paciência e te espere para desembalar e descompactar tudo aquilo que ficou por muito tempo espremido no baú dos seus sentimentos. Que te dê abraços demorados, daqueles que você fecha os olhos involuntariamente.

Alguém que está contra o mal para te fazer o bem. Alguém que, quando o tempo está acelerado demais, tira o relógio para ficar com você sem ter hora pra voltar.

Alguém que consiga argumentar com você e, ao mesmo tempo, a olhar como se você fosse a melhor coisa que pudesse ter acontecido.

Pode acreditar, você merece! Merece alguém que tire a impossibilidade do impossível.

GOSTOSO MESMO
É TER ALGUÉM
QUE FAZ COM QUE
MOMENTOS SIMPLES
VIREM RECORDAÇÕES
INESQUECÍVEIS.

VOCÊ NÃO SAI DA MINHA CABEÇA

Sou multitarefas: assisto a séries, leio jornais e livros, converso com toda a vizinhança, mas, ultimamente, está difícil. Você é o assunto do momento na minha vida. Você é a retrospectiva gostosa que quero viver diariamente. E espero que, entre a sua leitura de dezenas de livros, possa me ver com bons olhos e ter pensamentos positivos sobre algo que ainda não temos, mas que estou disposto a ter. Você está?

Será que está disposta a receber centenas de beijos na testa? Disposta a me contar seus medos sabendo que continuarei ali, do seu lado, tentando te iluminar com a minha paz, em vez de fugir levando um pedaço de você, como outros desamores fizeram? Será? Será que finalmente aceitará compartilhar esse sorriso gostoso com alguém disposto a te fazer sorrir ainda mais?

Não sei qual é o seu limite, se posso continuar transbordando carinho, respeito, atenção e vontade. Não sei se estou sendo inconveniente por demonstrar tanto. Por querer te fazer sair para um lugar qualquer, em uma noite qualquer, deixando o conforto da sua casa e o cheiro dos seus livros.

Ou, talvez, se devo seguir a caravana e dar uma pitada de desinteresse nessa — quem me dera — relação. Mas, quer saber, vou seguir meus instintos. E escolho ser eu! A vida já te machucou o bastante ao apresentar pessoas que, em vez de cuidar de você, alimentaram a sua repulsa em conhecer o amor. Quero te fazer conhecer sentimentos que nunca sentiu. Talvez tenha se enganado quando disseram que era amor, mas, na verdade, estava machucando.

Te diziam ser liberdade, mas os seus pés não saíram do chão.

O amor não dói, o que dói é esperar demais por quem se faz de menos. Já com você, será tudo demais. E, de menos, espero que seja somente a saudade.

O amor cura. Eu quero ser uma pessoa medicinal em sua vida, curando e cuidando de cada parte do seu corpo, te tocando com carinho e mostrando que arrepios de satisfação são melhores do que os de ameaças e chantagens.

Vem cá, segure em minhas mãos e prepare-se para voar comigo.

O AMOR CURA.
E EU QUERO SER UMA
PESSOA MEDICINAL
EM SUA VIDA.

EU TE AMO

Já que estou aqui, gostaria de dizer algumas coisas. Ainda não decidi como posso te chamar: pelo seu nome, pelo apelido que todos conhecem ou aquele que só eu falo ao pé do seu ouvido.

Esta noite, vendo suas fotos, me lembrei de quanto amor existe aí dentro. E da força que você transmite. Com o foco de quem sabe o que quer, me ganhou com o seu coração acolhedor. Sinceridade apurada e papo reto. Se existe algo mais apaixonante do que isso, desconheço. Nunca se assustou com a clareza de quem fala abertamente sobre as vontades de viver um amor intenso.

Me desculpe se estou dando voltas demais, mas é que fico assim, sem jeito, te vendo aqui, perto de mim. Meu mundo estava cinza. Andei me escorando nas barreiras da vida à espera de emoção. Aliás, andava me escondendo. Até conhecer você.

Sei que sou a pessoa certa. Quero e posso te dar tudo. Amor, felicidade, respeito e prazer. E eu te darei tudo. Mas tudo que te darei ainda será pouco comparado a essa aventura que você aceitou viver comigo.

Nunca seremos um casal perfeito, mas e daí? As imperfeições farão com que eu me esforce cada dia mais e, quando menos perceber, seremos o melhor casal imperfeito do mundo!

Nada mais me interessa. Quero ver o seu sorriso e saber da sua vida todos os dias, até chegar o dia em que o seu dia será inteiramente comigo. Até chegar o dia em que eu não me recorde tão rapidamente do que fiz. Quero ser o seu melhor amigo, companheiro, cúmplice, amante e, se nada disso for suficiente, uma boa lembrança em sua vida.

Não me canso de olhar para você. Vamos chegando mais perto. Brincando com os narizes e trocando beijos no canto da boca. Quando chego mais perto, seus olhos ficam maiores. E maior é o sentimento de desejo que nutro por você. Cansado de me segurar, seguro você.

Nossas bocas se encontram de forma intensa, com mordidas nos lábios e línguas dançantes. Sinto o perfume em seu pescoço e já não me lembro de mais nada.

Anestesiado. Me rendi. Você venceu. Eu te amo.

QUERO SER O SEU LUGAR
FAVORITO DEPOIS DE
DIAS BONS OU RUINS.
QUERO ESTAR
E SER PRESENTE.
E SAIBA QUE,
INDEPENDENTEMENTE
DA MARÉ,
CUIDAREI DE VOCÊ
E SEMPRE SEREI
O SEU PORTO SEGURO.

2
APRENDIZADO NA RELAÇÃO

AMIGO AMOR

Apesar de agora te amar de uma maneira diferente, a amizade deve continuar a andar de mãos dadas com o amor. Quando paro para analisar nas entrelinhas, vejo como amadurecemos desde então. O cuidado de amigo, o carinho de amor, o papo descontraído aliado à vontade incontrolável de beijar a sua testa.

Já cheguei a pensar que não posso ter esse sentimento maluco dentro de mim. Por dezenas de vezes, senti ciúme só de imaginar você em outros braços e, desde a última vez em que enrosquei o meu corpo no seu, durante aquele abraço de boa-noite, não há mais nada em que eu consiga pensar e sonhar todas as noites. Eu quero repetir a dose. Não vejo a hora de me embriagar de você.

Fico pensando em diversas desculpas para dizer que quero te ver, sem parecer que estou acelerando as coisas ou te pressionando a viver essa imensidão de sentimentos bons que quero proporcionar a você. Mas deixa pra lá, é melhor irmos com calma. Me disseram que a pressa é inimiga do coração. Melhor irmos na calmaria de um girassol e mirar os nossos corações em direção à luz.

Lágrimas de alegria inundam o meu travesseiro quando penso na possibilidade de te encontrar. Penso em poses para as fotos e também em quando vou te ver de novo, mesmo antes de te ver. Já pensei até em te tratar mal ou tentar te odiar, mas não dá. Eu me rendo.

Aceito o status de "amigo amor" e lamento as vezes em que não tive coragem de mirar em sua boca, desviando para a testa o que viria a ser um beijo — inesquecível para mim — de boa-noite.

Vamos fazer um trato? Entre um beijo e outro, manteremos a paz da amizade, o clima gostoso e leve, a preocupação e o cuidado diário e todo o restante que, mesmo sem reparar, nós já oferecemos sem esforço.

SER UM AMIGO AMOR
É SABER INTERPRETAR OLHARES,
ENTENDER E FICAR CONFORTÁVEL
EM MOMENTOS DE SILÊNCIO,
COMPREENDER E ACEITAR
AS DIFERENÇAS,
GUARDAR E PARTILHAR
OS SEGREDOS,
OUVIR OS DRAMAS E
COMPARTILHAR A FORÇA.

PEQUENOS DETALHES

Te olhando daqui, despreocupada, e vestindo essa roupa de ficar em casa, me encho de vontade de te amassar em meu abraço e mostrar que sim, o seu charme transpassa qualquer tendência de moda.

Passei a vida toda fantasiando os detalhes que possivelmente me agradariam em um amor. Mas você chegou rasgando o plano e me mostrando que o poder do acaso, às vezes, é muito melhor do que um roteiro hollywoodiano recheado de clichês.

E gosto assim, quando chega bagunçando o meu cabelo e mostrando que o melhor penteado que posso ter são os cachos que o seu cafuné deixou em mim. O cheiro do seu travesseiro me viciou mais que cheiro de chuva.

Gosto de dias chuvosos, principalmente quando estamos andando apressados e dividindo o mesmo guarda-chuva. O jeito como você cola o seu corpo mais perto do meu, sem pretensões, procurando abrigo, me faz clamar aos céus por um dilúvio.

Pode chover. Se a gripe te pegar, eu estou aqui para cuidar. Confie em mim. E não, não tenho medo de resfriados. Já passei por tantas coisas na vida antes de te conhecer que hoje posso garantir que o antídoto para todos os males do meu mundo é você.

TODAS AS COISAS
ACONTECEM
NO MOMENTO CERTO.
QUANDO FOR PRA
DAR CERTO,
A VONTADE, A VOZ
DO CORAÇÃO
E A INTENSIDADE
GRITARÃO BEM ALTO.
E, CÁ ENTRE NÓS,
SE A INTENÇÃO
É A MESMA,
POR QUE A PRESSA?

ENCAIXE PERFEITO

Vem, mas vem sem pressa. Não me interessa o seu passado e todas as vezes em que você se frustrou ao tentar se encaixar em outro alguém. O que eu mais quero agora é descobrir por conta própria, cada um dos seus mistérios. Mais aventuras e menos histórias tristes.

Confie em mim e jogue fora essa sua caneta que já está falhando e pedindo por novas cores. Quero colorir o seu mundo. Posso te mostrar que viver um amor leve é muito mais saudável do que ficar se entupindo de migalhas de um amor sabor placebo.

Vem cá, chega mais perto, me dê a mão e vamos abraçar o mundo. Juntos. Como os pés que não veem a hora de se entrelaçar no edredom nos dias frios de inverno. Você rouba a coberta. Eu roubo um beijo seu.

Sem data marcada e sem pressão, o que mais quero é poder descobrir a posição que ficarei mais confortável estando com você. Te fazer de travesseiro ou me aninhar em teu peito, para qual delas levo jeito?

Temos o encaixe perfeito. Mesmo com toda essa pilha de felicidades e vitórias pessoais, senti que me faltavam algumas peças para completar o meu quebra-cabeças da vida. E essas peças estavam com você durante todo esse tempo, escondidas bem lá no fundo daquele bolsinho discreto. E as suas peças estão comigo. Entregarei na condição de, logo após o encaixe, você acalmar esse coração cansado e se sentar comigo para contemplar o quão linda é a imagem do que construímos juntos.

Temos todo o tempo do mundo... e a cada segundo com você eu me sinto como um artista, colorindo uma vida inteira de telas em branco, que estão esperando por nós para grandes loops incontroláveis de um amor interminável.

AQUELA PEÇA QUE PARECE
NÃO EXISTIR NO TAMANHO
CORRETO DO SEU CORAÇÃO
PODE ESTAR COM OUTRO
ALGUÉM QUE TAMBÉM
SE SENTE INCOMPLETO.
O ENCAIXE PERFEITO PODE
ACONTECER ENTRE DUAS PESSOAS
INCOMPLETAS, CONTANTO QUE
ELAS ESTEJAM DISPOSTAS
A SE AJUSTAR PARA COMPLETAR
ALGO AINDA MAIOR.

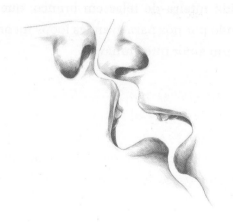

ATRAÇÃO

Em algum momento, todos seremos sentenciados — espero que em liberdade — pela lei da atração. Nada é previsível, pode ser que aconteça na próxima esquina ou no casamento daquela sua prima que é cercada de boas pessoas.

Mas, quando a atração vem apenas de forma física, ou seja, quando um relacionamento é resumido apenas no que pode ser visto de fora, geralmente não dá certo, pois a gente sabe que, por mais que o manequim seja lindo, é no interior da loja que encontraremos e escolheremos o que realmente nos serve.

Pessoas bonitas por fora e vazias por dentro não alimentam a alma de ninguém. Quando não existe uma conexão ideal, aquela que é a responsável por fazer com que tudo flua sem turbulências, gastamos energia demais tentando construir uma coisa que não tem a base de sustentação ideal: a conexão de almas.

Quando experimentamos algo assim, somos eternamente gratos, pois fomos contemplados com a sorte de conhecer alguém que, de alguma forma, se conectou conosco nas profundezas dos nossos corações. Alguém que conseguiu chegar até você de uma maneira inesperada, pois não procurava por você, às vezes, nem te conhecia, mas, quando te viu, sabia você era tudo aquilo que faltava.

Quando alguém chega e consegue se conectar com a sua alma, já era. *Game over!* Está tudo perdido. Aliás, está tudo ganho. É um maravilhoso caminho sem volta.

É SURPREENDENTE
A GRANDIOSIDADE
DE COISAS BOAS
QUE ATRAÍMOS QUANDO
COMEÇAMOS A ACREDITAR
QUE MERECEMOS MAIS.

UM ÁUDIO DE BOA NOITE

Boa noite. Estou gravando este áudio só para dizer que sei que ainda não pegou no sono. Embora não saiba em que esteja pensando, acredito que sinta o mesmo que eu. Desculpe minha voz de sono, pois, mesmo sem dormir, me pego constantemente sonhando acordado com possíveis memórias que terei depois das experiências incríveis que viveremos juntos.

Quero que saiba que você não está só. Quando falo que estou contigo, é real. De fictício, apenas essa solidão que insiste em permanecer em noites assim.

Daqui, consigo sentir um mar de carinho fluindo dentro do meu coração. Consigo sentir o teu abraço, junto à lembrança viciante do seu cheiro. Fecho os olhos e sinto a ponta dos teus dedos me fazendo o melhor cafuné que já recebi em toda a minha vida. É incrível!

Talvez, tudo isso seja apenas o sono intenso me fazendo sentir as coisas intensas que gostaria de sentir com você. Ou talvez seja incentivo sonoro, já que acabei de ouvir aquela música que decidimos chamar de "nossa" e acendi — ainda mais forte — a sua imagem dentro da minha cabeça. Sua imagem, aqui dentro, me traz sonhos reais.

Aliás, sonho com você... todos os dias! E os sonhos sempre acabam em grandes momentos. Talvez seja para dar uma prévia dos dias que virão e serão incríveis. Esses momentos ficam em uma linha tênue entre o sonhar e o acordar para realizar.

Estou longe, eu sei. Mas, de onde estou, é o que posso fazer. Daqui, minha mão segura a sua. Cuido do seu coração para poder vê-lo com sentimentos melhores que os atuais.

Gravo áudios imensos na tentativa de te dar a sensação de uma entrega real, para mostrar que tudo isso que temos é verdadeiro. Para mostrar que não há dúvidas de como estou entregue a você. Esses áudios também servem para te abraçar, mesmo estando longe.

Minha cabeça repousa em um travesseiro que prefiro mil vezes abraçar forte, imaginando ser você. Ensaiando para o que pode, talvez, demorar para acontecer. Fecho os olhos e te imagino assim, magnífica, linda, sorridente e traçando os planos para um maravilhoso futuro próximo. Sei que estou nos planos. Sei que estou nos sonhos. Sei que estamos juntos.

Pode dormir em paz. Eu estou com você.

Boa noite.

QUANDO FALO QUE
ESTOU CONTIGO, É REAL.
DE FICTÍCIO, APENAS ESSA
SAUDADE QUE SE DISFARÇA
DE DOR EM TODAS
AS NOITES EM QUE
ESTAMOS DISTANTES.
EM NOITES ASSIM, SÓ QUERO
OUVIR A SUA VOZ PARA
EMBALAR UMA NOITE
DE SONO TRANQUILO
E SONHOS INTENSOS.

OS PÉS QUE HOJE ESTÃO DISTANTES

No auge da minha espera para encontrar alguém que mudasse toda a minha vida, encontrei você. Não soube bem como reagir. Ainda não sei. Meu coração, desde o primeiro momento, dispara de forma descompassada e, em meu rosto, surge um sorriso abobado. Chego até a chorar, mas de alegria.

Minhas expectativas para aquele dia eram imensas, e, finalmente, ele havia chegado. Eu estava feliz. Se, até então, tudo havia dado errado, finalmente, agora, estava tudo dando certo. Seu rosto sereno, sorrindo de canto de boca. Refletindo a mais pura timidez.

Pequenos detalhes que me fizeram perder o chão. E conseguir tocar os céus.

Eram os traços que sempre sonhei. Olhos coloridos e um sorriso largo. Deslumbrante. Com trejeitos que se parecem com os meus. Só que melhorados, claro.

Imaginei todos os caminhos que poderíamos percorrer. Juntos. Com os mesmos pés que, um dia, nos levariam ao altar. A cada olhar, um arrepio. Talvez fosse um sinal ou coisa do tipo, algo que me fez ter a certeza de que você seria o amor da minha vida.

Sei que o amor não tem garantias, mas garanto que farei o possível e o impossível para manter esse sentimento dentro de nós.

Na verdade, o amor é fácil. Difícil é passar no vestibular ou ser mulher em uma sociedade machista. Ou ter um amor correspondido.

Nunca pensei em te cobrar demais, sufocar demais ou viver em um relacionamento que se parece mais com um financiamento. Ou confinamento. Você é livre! E, se um dia, tudo acabar, uma coisa é certa: assim que avistei o amor, saí da superfície e pulei de cabeça. E não doeu.

SEMPRE GOSTO DE MOSTRAR
O MEU LADO MAIS BONITO.
NÃO LIGO QUANDO NÃO ME
VALORIZAM, APENAS SIGO
ESPALHANDO O BEM, POIS SEI
QUE, LÁ NO FUNDO, QUEM SAI
PERDENDO NUNCA SOU EU.

SIMPLICIDADE

Beira de piscina, pés na água, um bom livro e uma jarra de suco de framboesa. Ah, e você, é claro. Nós dois em um paraíso particular.

Quando digo paraíso, não penso naquela ilha que ganhou cinco estrelas nas revistas mais conhecidas do mundo. Paraíso é qualquer lugar em que posso ser eu e, para fazer jus ao nome de paraíso, onde posso ter a sua companhia.

Seja em casa, na cidade grande ou no interior. Fazendo piquenique na floresta ou espantados com o garbo e a elegância de um restaurante. Seja no Brasil ou nas Bahamas. Você é quem faz a diferença.

Mas, cá entre nós, prefiro infinitamente a simplicidade da rotina. Aquele abraço inesperado enquanto ainda me arrumo em frente ao espelho embaçado. O beijo roubado com gosto de mousse de maracujá e o cuidado e a atenção que temos um com o outro.

Todas as vezes em que me senti pra baixo, não foi nada caro ou luxuoso que me confortou. Luxo eu vejo nas simples atitudes que me tiram de qualquer bad temporária e que me fazem ganhar o dia.

É rico quem sabe ver o valor do simples e cultiva bons sentimentos na esperança de reflorestar o mundo. Quem investe na simplicidade dos grandes sentimentos tem como garantia o melhor retorno a longo prazo.

EU GOSTO DO SIMPLES.
UM CHOCOLATE SEM
MOTIVO DE COMEMORAÇÃO,
UM CUIDADO SEM PERIGO,
ABRAÇOS DEMORADOS
MESMO SEM DESPEDIDAS
E INTENSIDADE NOS SENTIMENTOS
COMO QUEM SABE QUE
A VIDA É MUITO CURTA
PARA DEIXAR O AMOR PASSAR.

SONHANDO DE OLHOS ABERTOS

Reparei o quanto você se esforça para manter as coisas funcionando perfeitamente entre nós. Parece que estou sonhando, mesmo de olhos bem abertos. Seu jeito cuidadoso de falar e de abraçar. A maneira como você me alerta dos flocos de açúcar que grudaram na ponta do meu nariz enquanto dividíamos o seu doce predileto na nossa padaria preferida...

Apenas em meus sonhos as coisas fluíam tão bem assim, com um misto de sensações: liberdade, segurança e invencibilidade. E você me traz tudo isso e mais um pouco: junto com todas essas sensações, vêm os picos de aventura e paz. Passamos anos tentando encontrar alguém que tenha o coração do tamanho exato do nosso e que talvez pudesse oferecer os milésimos de segundos que achamos que merecemos. Buscamos, sem GPS, um amor que rompa as fronteiras do desinteresse e, que com muita sorte, nos entregue de bandeja tudo o que desejamos. E, quando algo sai do nosso controle, adeus. Fim. Isso é tudo, pessoal.

Precisamos aprender a ceder para vencer e entender que não encontraremos tesouros tão facilmente no decorrer da vida. Entenda que, apesar do trabalho, dos estudos e das correrias desgastantes da semana, as poucas horas que vivemos em um sonho com a pessoa amada sempre valerão muito mais que a total disponibilidade de alguém que, por mais que tenha boa vontade, não se encaixa em nossos corações.

Quando a conexão é sincera e real, os nossos maiores sonhos e vontades também se tornam realidade.

VOCÊ MERECE ALGUÉM
QUE TE CONHEÇA ATÉ
DE OLHOS FECHADOS.
E QUE, MESMO DE
OLHOS FECHADOS,
CONSIGA SENTIR A
ENERGIA SURREAL
E ÚNICA QUE
VOCÊ TRANSMITE.

DIAS DE CHUVA

Sempre tive medo de dias chuvosos. Amava o cheiro de terra molhada, mas, quando criança, ao primeiro som de trovão, corria para me esconder embaixo dos velhos cobertores. Os dias com chuva eram cheios de dilemas. Não gostava de sair. Nem de ficar em casa. Era oito de novembro, mais um "dia oito" que chamávamos de nosso. E, para comemorar, preparamos brigadeiro de panela, pipoca e um filme de suspense. Eu fiz cafuné em você e, sem suspense algum, beijei a ponta do seu nariz e disse o quanto você era importante.

Tudo perfeito até então. Tentei dormir no seu colo, mas me arrepiei com o cheiro de chuva que invadiu a sala. E agora? Me aninhei em seu peito, com seus cachos perto do pescoço, como quem busca refúgio em um lugar seguro.

Lá fora, os relâmpagos intensos faziam a sala escura se iluminar. Enquanto isso, aqui dentro, o seu sorriso me trazia paz em meio à tempestade.

Em meio ao filme e à chuva forte, faltou energia. Lá fora. Pois aqui, no escuro, tínhamos energia de sobra para colocar tudo de pernas para o ar. E foi o que fizemos, até sermos iluminados novamente pelo brilho do nascer do sol.

E a chuva passou, não me assusto mais. Levou com ela os meus medos e as minhas inseguranças. Nunca mais nenhum trovão foi capaz de gritar mais alto do que o amor que fizemos naquela noite.

ESPERO PELO DIA
EM QUE MEU DESPERTAR
SEJA TÃO INCRÍVEL QUE
POSSA TRANQUILAMENTE
SE CONFUNDIR
COM UM SONHO.

3

OS PRAZERES DA CONVIVÊNCIA

OLHOS DE SONO

Você acordou e me viu de forma embaçada pelos seus olhos de sono. E, em meio à confusão dos seus olhos se adequando à luz do sol, fui eu que me iluminei de certezas sobre o meu amor. É você. A minha luz em meio à escuridão.

Descansa mais um pouco, amor. Me deixe cuidar de você. Quero que você acorde como se estivesse vivendo um sonho, pois estamos juntos. Estou aqui para compartilhar vontades e dividir o último pedaço de pizza, mas, caso você queira ele todo, tudo bem.

Nos dias em que eu não conseguir te proteger dos seus maiores pesadelos, pode vir desabafar, sem julgamentos ou omissões, estou aqui para lutar ao teu lado contra quaisquer problemas, até mesmo os invisíveis, que teimam em se esconder em nossas mentes, construindo paranoias tão sombrias que o amor não ousaria enfrentar.

Vem cá, preparei o seu café e não quero que você perca tempo com as futilidades da vida. Olhe para mim e diga que encontrou um motivo para não passar tempo com mais ninguém. Desculpe a pressa multiplicada por minha ansiedade, é que temos hora marcada com a felicidade.

Se quiser, pode dormir mais cinco minutinhos, eu te acordo, não se preocupe. Comigo, você não perderá hora. Nem o seu tempo. Mas, pensando bem, não sei se estamos acordados ou se é tudo um grande sonho, pois o único alarme que escuto tocar soa bem alto, me avisando que não devemos perder tempo.

COMO É BOM PODER
DESPERTAR COM A
CERTEZA DE
QUE FIZEMOS A
ESCOLHA CERTA.

CAFUNÉ

Cresci com o aprendizado de que devemos sempre espalhar amor, mas o tempo passou e eu nunca aprendi, de fato, o que era o amor, mesmo torcendo para esbarrar com ele em alguma esquina da vida.

Um dia, em meio a um filme que assistíamos, seus dedos se entrelaçaram em minha cabeça em um movimento relaxante de vaivém. Era um cafuné sem aviso prévio, sem pedido, mas feito com muita vontade. Perguntei o motivo daquilo e a resposta sanou todas as dúvidas dentro de mim: estou fazendo isso porque te amo.

Foi quando percebi que o amor morava nos detalhes e na simplicidade de quem o cultivava. Amor é cuidado; amor é carinho de ponta de dedos, e também é cafuné.

Amor é cumplicidade. É dar apoio, se preocupar e tratar bem mesmo sem precisar de algo. É conseguir fazer gargalhar até chorar.

Amor é aquilo que traz paz em meio à tempestade. É ser girassol em tempo nublado. É esperar, mesmo cansado, o outro falar dos dilemas do seu dia, pois a empatia e a atenção são os pilares dos bons sentimentos.

Amor é admirar o cabelo despenteado e elogiar a cara amassada de quem dormiu pouco na noite anterior. É ver riqueza na simplicidade e ser grato por ter ganhado na loteria da vida ao te conhecer. Amor é poder contar, somar e multiplicar.

Amor é fazer cafuné até pegar no sono. E dar beijo na testa para proteção.

VOCÊ MERECE ALGUÉM
QUE CUIDE DE VOCÊ
SEM PRESSÃO,
QUE SEJA ENTREGUE
E INTENSO DE CORAÇÃO
E QUE NÃO TENHA MEDO
DE DEMONSTRAR AMOR
E SER BREGA
EM NENHUMA SITUAÇÃO.

CEDER, CONSTRUIR E CRESCER

Uma relação exige que lidemos com as diferenças, pois, caso contrário, cairíamos no buraco sombrio da indiferença. Maturidade e paciência devem caminhar lado a lado, assim como o casal. Aprendemos a nos respeitar e a ceder, pois cada pessoa é como um quebra-cabeças incompleto à procura de uma peça que se encaixe com jeitinho, sem bagunçar o que já está no lugar.

A linha entre o amor e a aceitação do que vier fica ainda mais tênue depois da paixão. Não enxergamos defeitos, pelo contrário, aceitamos tudo em nome do amor. E, por falar em amor, às vezes, ele é como um jogo de azar, podendo te fazer perder toda a paz... ou encontrar a sorte em um casaco batido com um perfume inesquecível. Eu dei sorte.

Me rendi a um perfume que me fez delirar. Leve como o amor deve ser. Diferente como todas as pessoas são. Chegou e se encaixou em minhas fissuras, trazendo o equilíbrio e a segurança que faltavam ao meu coração.

A convivência me ensinou que é necessário ceder para crescer.

Para nós, o relacionamento é mais precioso que o nosso ego. E, mais valioso que perder tempo brigando ou querendo mudar quem já conheci desse jeito, é entender que, por mais diferentes que possamos ser, estamos juntos por algo maior, tão grandioso que a construção deve ser diária e para o resto de nossas vidas. Como a reforma de um coração que sofreu trincas e precisou ser interditado por risco de desabamento. O amor é sinônimo de constância e rotina. É como ouvir todos os dias uma playlist de nossas músicas preferidas e não se cansar.

DEIXAR PRA LÁ
AS PEQUENAS IMPLICÂNCIAS,
SABER RECONHECER OS PRÓPRIOS
ERROS E SE DESCULPAR
NÃO SÃO ATITUDES DE
PESSOAS PERFEITAS.
ISSO É APENAS O MÍNIMO QUE
ALGUÉM DEVE FAZER
PARA TER UMA RELAÇÃO
DURADOURA,
LEVE E EM PAZ.

POLOS OPOSTOS

Nossas diferenças não nos afastam, muito pelo contrário, somos como polos opostos de um imenso ímã. É praticamente impossível nos separar quando estamos juntos. Somos mais fortes, sonhamos mais alto e atraímos todas as coisas boas que almejamos.

Quanto mais convivemos, mais aprendemos. E, quando achamos que sabemos tudo, vem o amor e nos surpreende. De novo. E de novo.

Você tem um jeito leve de viver a vida, lidando com os problemas como quem lida com um cãozinho inofensivo. E leva a sério o lema de gratidão no combate à infelicidade. Enquanto isso, eu estou sempre na pressa, fazendo planos A, B, C e traçando inúmeras armadilhas que, muitas vezes, me pegam sem querer.

Acordo procurando o celular para me encher de energia ruim vinda das notícias e posts sem filtro que as pessoas publicaram no Twitter. Vejo o mundo com olhos de medo, enquanto você medita e sintoniza o seu coração, de pés descalços, amarrando mais um filtro dos sonhos na janela.

Sendo atraído pelo clichê, posso afirmar que os opostos se atraem, mas notei algo mais, percebi que eles se completam e se complementam. E, quanto mais o tempo passa, mais aprendo com as nossas diferenças. Porque, por mais que você seja tão diferente de mim, eu amo você.

Tento semear bons sentimentos para futuramente vivermos em plena paz embaixo da sombra. Mas, enquanto você me diz que não é de criar raízes, te vejo cair em contradição, pois cultiva diariamente todo o sentimento que plantei em meu coração.

NUNCA SEREMOS
UM CASAL PERFEITO,
MAS AS IMPERFEIÇÕES FARÃO
COM QUE EU ME ESFORCE
CADA DIA MAIS E,
QUANDO MENOS PERCEBERMOS,
SEREMOS O MELHOR CASAL
IMPERFEITO DO MUNDO.

CAFÉ QUENTINHO

Desligue o despertador e se aninhe um pouco mais em meu travesseiro. Sinta o meu cheiro enquanto perfumo a casa com o aroma de café. É gostoso demais fazer suas vontades. Me sinto bem até em seu silêncio, quando foca toda a atenção em um livro novo que comprou quando voltávamos do cinema.

Coloco a nossa música preferida e te vejo cantar, sem jeito e errando toda a letra, fazendo o acústico mais incrível que já vi. Posso estar exagerando, eu sei, mas te ver sem filtros me faz te admirar ainda mais.

Vem cá, dance comigo, pise no meu pé e minta que o erro foi meu. Imagine que estamos em um palco, fazendo um show de tango na Argentina, com uma rosa na boca e as cinturas coladas. Você, o mundo a nos admirar e eu. Admito: o erro foi meu... em não ter te encontrado antes.

Você é mais viciante do que receber café na cama. E, falando em cama, chega pra cá! Pode chegar sem bater, já deixei o meu coração aberto para você entrar.

Quero te abraçar como se fosse a primeira vez e te beijar como se fosse a última. Te sentir de um jeito único sempre que te encontrar. Estou te desejando como quem deseja um antídoto para todos os problemas. Como quem deseja potencializar todos os sentidos mais gostosos da vida.

Quando achar que está tarde demais para se arriscar, traga a sua lista de vontades, quero riscar uma a uma com você. Comigo, você não precisa marcar horário para felicidades, loucuras ou aventuras. Estarei sempre de braços abertos, sorriso no rosto e com um café quentinho te esperando.

CAFÉ É BOM,
MAS O QUE
ME DESPERTA
É O GOSTO
DO SEU BEIJO.

A RECEITA

Minha avó sempre foi uma mulher muito sábia e que contava histórias incrivelmente interessantes que prendiam a atenção de qualquer pessoa inteligente o bastante para notar alguém incrível como ela. Contava também com um acervo mental de milhares de receitas.

Um dia, enquanto a admirava batendo mais um de seus saborosos bolos, pedi para que me contasse o segredo de uma receita em especial: relacionamentos. Perguntei a ela qual era a receita para que um relacionamento crescesse e não ficasse com aquele gosto amargo típico de massa que não chegou no ponto certo e desandou, murchando o que tinha um grande potencial de crescimento.

Vovó disse que, infelizmente — ou felizmente —, não existia nenhuma receita completa, pois a lista de ingredientes era composta por apenas um item: confiança. É ela quem dá liga a todos os relacionamentos saudáveis e de sucesso.

O que é saudável não tira o sono, já que a confiança anula qualquer vestígio de medo ou paranoia. E, quando aliada ao diálogo, ao respeito e à cumplicidade, é praticamente impossível um relacionamento desabar.

Ao te convidar para o meu mundo, não senti a insegurança de quem diz "não repare a bagunça", pois a ideia era que você se sentisse em casa, ajudando a organizar tudo aquilo que estava empilhado e empoeirado durante anos em meu coração. E você o fez sem hesitar, juntou todos os meus cacos, colocando tudo no lugar.

Não existe fermento ou fórmula mágica para fazer tudo acontecer da forma como acreditamos que seja a melhor, mas uma coisa é certa: a constância das confidencialidades do casal e a transparência devem ser prioridades quando o assunto for confiança. A abertura para dialogar sobre as coisas boas, os planos ou as aventuras devem seguir a mesma intensidade de interesse quando o assunto for perrengue ou apuro. Comprometimento vinculado a respeito significa saber dividir os interesses em partes iguais.

E, sim, eu sei, parece uma equação maluca, mas, por mais cansado que você esteja, saiba que o amor é fácil. E o segredo da receita de um relacionamento de sucesso é justamente não ter segredos.

MESMO COM
TANTAS RAZÕES
PARA DUVIDAR,
CULTIVE SEMPRE
A CONFIANÇA.

AVENTURAS

Te incluí nos meus planos, comprei uma mochila e falei: vem comigo! Este é o capítulo em branco do livro da minha vida que deve ser preenchido por nós dois, em meio ao belo caos de uma aventura pelo mundo.

Quando estamos juntos, "eu topo" vira uma constante absoluta por aqui. Do restaurante elegante até o caminho para a Laguna Humantay, eu topo. Contanto que seja com você.

Descobrir lugares, ter vontades recheadas de incertezas e frio na barriga pelo novo... é isso. Isso é o que eu quero. Mas também quero você ao meu lado. Coloque a mochila nas costas, pois o nosso voo já está para decolar.

O mais gostoso de toda aventura é traçar os caminhos que iremos percorrer, fazer o checklist e ver que aquilo de que precisamos está ao nosso lado.

Existem pessoas em nossa vida que são como bússolas, nos guiando para longe das tempestades e nos mostrando sempre o local exato de um lindo nascer do sol.

Salvar no roteiro as melhores padarias para tomar um bom café da manhã e também alguns lugares clássicos para tirarmos inúmeras fotos que, com certeza, vou querer revelar.

Dizem que o tempo de revelar fotos já passou, que é antigo, brega... mas nunca vi ninguém triste ao olhar um álbum de fotos. Revelações, ao meu ver, trazem de volta o resgate do simples, do real, do intenso, mostrando a verdade nostálgica na palma da mão. E, falando em revelação, tenho uma para fazer: quero as paredes da nossa casa cheias de fotos reveladas, mostrando o quão feliz é a vida de quem se aventura.

Traçando a nossa retrospectiva até então, é sabido que a vida de quem decide calçar botas nos pés e explorar o mundo é infinitamente mais rica em detalhes e lembranças do que a vida daqueles que os pés repousam com câimbras, enquanto assistem, entediados, à retrospectiva de mais um ano. Ano após ano.

E aqui estamos nós, voando para todos os cantos do planeta com zero preocupações e mil e uma vontades, seguindo a rota dos sonhos e os desejos do coração.

Às vezes, me pego desviando o olhar das nuvens, mas basta olhar para você para me sentir dentro delas novamente.

A VIDA QUE VOCÊ MERECE
NÃO É AQUELA REPLETA
DE ITENS DE LUXO
OU BENS PESSOAIS
DE VALOR ALTO.
VOCÊ MERECE UMA
VIDA COM MENOS ROTINAS
E MAIS ROTEIROS.

SINTONIA

Parei na sua ao tentar me encontrar, pois a conexão foi tão grande que, quanto mais me procurava, mais te encontrava. E, quanto mais te encontrava, mais me via em você. Sintonia inigualável de um amor indescritível.

Minha angústia acabou no calor do seu abraço. Qualquer aconchego me trazia paz, contanto que fosse seu. Você me permitiu entender o motivo de tudo ter dado errado até então, fazendo valer a pena todas as vezes que implorei para a maré de sorte chegar para que eu pudesse mergulhar de cabeça. E, quando chegou, eu mergulhei. E não me arrependi.

Mergulhando em certezas, admiro a imensidão de possibilidades que é estar com você. Daqui, sou capaz de reconhecer o tesouro que foi ter te encontrado em meio a tantas pessoas rasas. Sorte a minha. Sorte a nossa. E azar de quem perdeu alguém como você.

Renuncio a todos os corações de pedra que tratei como ouro, minha ingenuidade me fazia pensar que existia preciosidade na mediocridade. Foi como olhar para o céu e, o que pensava ser uma estrela cadente, era apenas mais um poste, parado na esquina.

Ajustei meu relógio na intenção de acordar para a vida e não perder mais tempo fantasiando coisas que posso viver com você ainda hoje. Não quero perder tempo longe do seu colo. Não quero, de maneira nenhuma, perder momentos. Se é cedo ou tarde, tanto faz. Se é dia ou noite, não me importo. Quando estamos juntos, o meu desejo é fazer parar o tempo ou, talvez, viver em algum mundo em que o fuso horário seja sempre a hora que estou com você, sabendo que aquela será a hora certa e que me fará dormir em paz.

Sinto vontades, falo verdades, sintonizo o meu coração na frequência em que o seu bate mais forte. Faço planos, traço metas e imagino como seriam as coisas se você tirasse o pé do freio e acelerássemos com tudo em direção ao altar.

**DESCULPE A SINCERIDADE,
MAS SOU DO TIME
DO INTERESSE E DA
INTENSIDADE.**

DETALHES

Olho para você demoradamente sempre que precisamos nos despedir e não consigo encontrar um só motivo para eu não ser a pessoa mais feliz do mundo. Você é incrível em cada detalhe. E eu sou feliz por poder admirar de perto cada um deles.

A maneira como me olha quando pede para que eu busque algo e, depois de negar algumas vezes, me fazendo de desentendido, volto com o seu pedido acompanhado de porções de beijos. Também está nos detalhes de como rimos de casais mais novos que ainda trocam senhas e se obrigam a fazer declarações semanais, carregando a relação com toneladas de provocações desnecessárias quando tudo deveria ser leve e espontâneo. Lembro também da forma dos seus lábios e da perfeição do seu sorriso que, cá entre nós, é a melhor declaração de amor que eu poderia receber.

Ria, só ria! E lembre-se de como somos incríveis juntos e, mesmo sem seguir nenhum "guia de relacionamento feliz e perfeito", temos a certeza de que somos guias e porto seguro um do outro. Somos felizes e perfeitos, mesmo com nossas imperfeições. Escandalosamente felizes e imperfeitos.

Amo o jeito como você acorda, com dengo de quem pede cafuné para dormir mais cinco minutinhos, ainda com sono e humor afetado. Acabo com tudo isso com um beijo de bom-dia e ganho a manhã recebendo o abraço mais gostoso do universo.

Até os nossos feriados nublados são incríveis, pois, quando se tem alguém de luz ao nosso lado, não há tempo ruim que prevaleça por muito tempo. Colocamos a música que chamamos de nossa para embalar e, enquanto lá fora chove, aqui a gente transborda amor.

Amo até as nossas despedidas. Mas amo, sobretudo, a sua volta. Nos abraçamos sem preocupações. E nos preocupamos com o tempo como quem corre atrás do prejuízo que a saudade causou.

Sinto sua falta e o seu cheiro até em sonhos. Sinto você, mesmo quando distante, aqui comigo, fazendo carinho de ponta de dedo no meu coração. E, se você não se lembra há quantos dias estamos juntos, tudo bem, apenas lembre-se de que todo dia sem você é dia internacional da saudade. E todo dia com você vira feriado nacional.

UM DIA CHEGARÁ ALGUÉM
QUE TE DARÁ UMA GALÁXIA,
JUSTAMENTE QUANDO
VOCÊ ACREDITAVA QUE
MERECIA APENAS
UMA ESTRELA.

4

PROBLEMAS E TÉRMINO

MEU CORAÇÃO NÃO É GPS

Meu coração não possui GPS. Ele não calculou toda essa distância antes de decidir amar você. Se fosse simples, eu infringiria todas as regras da matemática e transformaria esses quilômetros em todos os abraços que quero te dar, e ainda faria uma regra de três para te apresentar aos meus três interesses: te fazer feliz, te fazer sorrir e te fazer livre.

Antes, eu não entendia a citação de que o amor ultrapassa quaisquer barreiras, até você chegar sorrindo e me provar que eu faria qualquer coisa por você. Não quero selar promessas que não posso cumprir nem falar do futuro como se fôssemos eternos e esquecer de contemplar o quão incrível é o presente.

Agora, vem cá, deixa eu te contar: sonhei que você estava deitada com a cabeça no meu peito, ouvindo como meu coração bate acelerado quando estamos juntos. Eu não sei o que é isso, muito menos quando vou te ver, mas a sensação de paz que sinto ao imaginar nós dois me faz encarar qualquer coisa sem medo.

Muitos não entendem quando falo de saudade e sobre como sinto falta dos seus olhos fitando os meus. Dizem que ficar longe ajuda a mostrar o verdadeiro sentimento que temos um pelo outro, mas não poder ter você aqui em noites chuvosas, apenas para nos aconchegar debaixo das cobertas e assistir a uma série, causa um aperto imensurável em meu peito.

Tenho uma inveja boa de quem pode estar com você todos os dias, quem pode ver seu rosto fofo amassado ao acordar e quem te abraça quando você quer chorar. Mal sabem eles a sorte que têm.

Não vejo a hora de ficarmos juntos. E, quando falo juntos, pode imaginar escovas de dente no banheiro e a prateleira cheia de fotos. E não me incomodarei com os dias em que você preferir assistir aos documentários sobre o antigo Egito em vez de maratonar Star Wars ao meu lado. Antes de subirem os créditos, te pegarei desprevenida com um abraço ou, quem sabe, um beijo.

E, antes que eu volte a sonhar com o romance de Jasmine e Aladdin, quero te mostrar que um amor distante sempre pede um pouco mais, pois conhece a grandeza que cabe em cada minuto. Ter um amor distante faz valer a pena todo o risco e o resto.

Amor cuida e cede.

Amor cresce e diminui distâncias.

VALORIZAREI AS PESSOAS
NA MESMA INTENSIDADE
QUE ME VALORIZAM.
ALGUMAS SEGUIRÃO SENDO
PARTES DO MEU CORAÇÃO,
E OUTRAS, GENTILMENTE,
FICARÃO EM MEU PASSADO.

CIÚME

Deixando de lado minhas inseguranças, aprendi que não devo me preocupar com possíveis interesses alheios de alguém que me interessa. Que não devo me estressar, muito menos estressar a minha incrível companhia, com uma insegurança boba, que não deve afetar nenhum de nós.

Ciúme requer cuidado e deverá ser podado ao mínimo sinal de aparecimento, senão o seu jardim será contaminado por diversas pragas, estragando tudo o que levou tempo demais para crescer. Muitas vezes nem dando tempo de florescer.

Troque os dedos velozes de stalker de redes sociais por dedos mansos de um cafuné, daqueles que fazem a pessoa dormir no colo, sabe? Se não sabe, está na hora de você descobrir os pequenos prazeres da vida. E, se de lábios colados não saem ofensas, quero viver assim, passando a língua nos lábios em vez de dar com a língua nos dentes, falando asneiras por qualquer curtida sem sentido que eu vi, ou me ofendi.

Amores que acabaram destruídos no passado me ensinaram que o ciúme é o que de fato aniquila uma relação, e não aquela pessoa bonitinha que trabalha com seu amor e o (a) trata de forma gentil. Aliás, o mundo precisa de pessoas gentis. Por isso, seja uma pessoa incrível para quem te acha incrível. Se entregue. Sinta. Veja o quão poderoso e construtivo é o amor.

Espero que o seu ciúme morra. E leve com ele todos os sentimentos e hábitos tóxicos que possíveis desamores plantaram em seu coração.

Prefira morrer de amor, entregue e feliz, do que morrer desconfiado.

PARE DE INSISTIR.
PARE DE BUSCAR.
PARE DE IMPLORAR. PARE.
PARE DE REPETIR OS MESMOS
ERROS INCANSAVELMENTE.
DEIXE IR, ACEITE QUE
A VIDA SEGUE E LEMBRE-SE
DE QUE, QUANDO ALGUÉM
INCRÍVEL CHEGAR, SERÁ PARA
FAZER MORADA FIXA
NO SEU CORAÇÃO.

MEDO

Existem dias em que sinto um medo inexplicável. E sinto mais medo quando busco por uma explicação razoável. Às vezes, o barulho dos trovões não me deixa dormir, e sinto que o céu desabará em pedaços.

Todos nós teremos medo durante a vida toda, e sim, muitos, quase todos, sem explicação. O meu não tem explicação, mas tem cura. Ele vai passando e se acalmando como uma tempestade e me sinto em paz cada vez que você se senta ao meu lado e fica assim, me olhando em silêncio, com esse seu olhar gritante.

Olhar que grita. Cada vez mais alto.

Grita que posso contar com você em todos os momentos.

E, no final da tempestade, o seu sorriso continua sendo o arco-íris que chega e dissipa todo o mal do momento.

PRESTE MUITA ATENÇÃO
QUANDO A SUA ENERGIA
AUMENTA OU DIMINUI,
POIS ESSA É A MAIOR PISTA
DAQUILO QUE VOCÊ DEVE
SOLTAR OU ABRAÇAR.

SEXTA-FEIRA SEM VOCÊ

Dizem que hoje é dia da maldade... Maldade? Geralmente, maldade é associada a dor. Mas não é a topada de dedinho em uma quina que me dói. Nem o corte na mão que fiz por estar desatento demais te olhando enquanto cortava as frutas para a nossa mousse. Muito menos as bolhas que apareceram em meu pé após fazermos aquela trilha maneira que tanto queríamos.

Não é o torcicolo por dormir de mau jeito enquanto servia de travesseiro para você, nem o bife arrancado do dedo quando você inventou que queria me deixar com "mãos bonitas". Não, isso não dói. Isso chega a ser engraçado. Histórias para rir e contar.

Não é o tapa nem o tropeço que me levou ao chão. O que me machuca e me destrói por dentro é ser esquecido pela pessoa que tem um sorriso inesquecível. Dolorido é amar, ser amado e, depois de um tempo, ser forçado a desaprender a amar. A esquecer. A deixar pra lá.

Olhar as fotos e não caber em um porta-retratos. Selecionar a pasta e excluir. Não ter mais palavras secretas de casais para compartilhar, junto com abraços que nunca mais serão dados. O que dói é olhar para o outro e ser forçado a vê-lo como um qualquer, sem reconhecer que um dia ele foi um pedaço seu.

Dói. E a dor é imensa ao me ver dialogar com o espelho para matar a saudade. Relembrando diálogos quase esquecidos com uma pessoa inesquecível. E escrever textos que serão postados sem dedicatória. Fingir que não vivi todas as coisas incríveis simplesmente por falta de coragem.

Isso dói.

O resto, todo o resto, é superficial.

QUANDO APRENDEMOS
A TIRAR O PESO DAS NOSSAS
MAIORES VONTADES DAS MÃOS
DE QUEM NÃO SE IMPORTA,
ENCONTRAMOS A LEVEZA DE VIVER
COM ENERGIA DE SOBRA PARA
VOAR CADA DIA MAIS ALTO.

VOU PARAR DE PENSAR EM VOCÊ

Está decidido: vou parar de pensar em você.

É terrível dormir e acordar sem tirar você da cabeça e ficar sorrindo feito idiota por algo que não sei se ainda existe. Aliás, existe, mas será que só existe aqui, dentro de mim?

Confesso que você é um mundo à parte. Sempre foi como um mar calmo, daqueles que, quando paramos para admirar, chega alguém e dá um tapinha em nossas costas dizendo para pularmos de cabeça, porque não há perigo. Não sei se deveria realmente pular, mas é o que o meu sexto sentido, que é sempre muito falho, me aconselha a fazer. Por outro lado, o medo, refletido em cicatrizes de outros mergulhos, reprime.

Já estou à beira da loucura. Traço planos, sinto seu cheiro em tudo e vejo o seu rosto em cada esquina cruzada. Todo santo dia.

A cada notícia triste desses tempos intermináveis, lembro da vez em que você me confessou que se sentia sem rumo em um mundo tão cruel. O tempo passou e eu não soube o que dizer. Agora eu sei.

Quero te encontrar e dizer que descobri a solução: basta unirmos nossos mundos e criarmos um terceiro, mais bonito, florido com amor e sem tanto sofrimento.

Mas eu sou, como dizem, entregue demais — o que parece ser errado para os padrões atuais. Brega, antigo e meloso às vezes. Sinto e abro o jogo muito rápido. Como se amar fosse feio. Como se querer fosse pecado. Como se falar de sentimentos me tornasse menos interessante. Mas o que posso fazer se você me faz jogar a toalha da sinceridade, sem sequer me tocar?

Me derreto só de imaginar você com cara de sono. Mandando tudo à merda ao bater com o dedinho na quina do sofá. Roendo as unhas ao ver um filme. Deve ser incrível te ver sorrindo por algo que falei, ou simplesmente por tudo o que você é.

Acredito que você seja a pessoa da minha vida, mas não me deve nada para pagar para ver. Acho romântico até quando você some. E, mesmo sumindo, continua escrevendo memórias aqui, comigo, em meus pensamentos. Em todo esse vazio que deixa, acabo me nutrindo de um sentimento placebo. Por que está tão longe de mim? Por que me tem e, ao mesmo tempo, não tem noção de quem sou eu?

Como é que tem o dom de me fazer decorar todos caminhos da sua boca e me perder num beijo que sequer foi dado?

Num futuro, espero eu que não tão distante, relendo essas linhas tortas, talvez eu seja apenas mais uma pessoa patética, que sonhou alto demais.

Mas, talvez, eu tenha uma baita sorte, por poder rir de cada vírgula ao seu lado.

A CULPA NÃO É SUA.
FUI EU QUEM PARTIU MEU CORAÇÃO
QUANDO COMECEI A ACREDITAR
QUE UMA PESSOA COMO VOCÊ
PODERIA SE PARECER COM
A PESSOA DE QUE PRECISO.
ALIÁS, DEPOIS DESSA DESILUSÃO,
APRENDI QUE, PARA MINHA FELICIDADE,
EU NÃO PRECISO DE NINGUÉM.

AFASTE-SE

Se está pesado, causando dores de cabeça e irritação, afaste-se. Pare de empurrar para debaixo do tapete essa sujeira que já ofuscou até mesmo os seus sonhos mais brilhantes. Não minta para si mesma dizendo que é uma fase e que tudo isso vai passar. Porque não vai. O que pode passar é a sua oportunidade de ser feliz.

Essa é só uma pessoa do talvez, do quem sabe, do vamos ver. É a companhia que faz promessas e entrega a sombra da falta. E vai matando sua confiança e fé no amor, dando em troca essa feição inexpressiva todas as vezes que você sorri. Você está sendo abusada sem perceber.

Por fora, está tudo bem, aparentemente, já que ofensas e palavras não ferem o seu exterior. Mas e por dentro? Como esse coração tem passado?

Dê um basta nesse amor ausente que insiste em não se redimir nem em ser presente. Saiba que o amor é fácil, difícil é tolerar essa impaciência que é esperar demais por alguém que faz de menos.

QUANDO A IMAGEM DE
UMA PESSOA DESMORONAR,
NÃO SE FECHE PARA O AMOR.
PESSOAS APARENTEMENTE BOAS
PODEM SER PASSAGEIRAS,
MAS A SUA TRANSPARÊNCIA,
ENTREGA E BONDADE
DEVEM SER CONSTANTES.

TUDO O QUE PRECISO

Sinto muito, mas durante todo esse tempo tentei porque eu te amo, e isso não vai mudar. Mas depois de discussões incansáveis com o meu coração, decidi que não é saudável. E nem correto. Não posso ficar.

Não se trata de perdoar e fingir esquecer para começar de novo. Nós já perdemos a capacidade de nos repararmos. Nos prejudicamos tanto que o respeito se foi.

É importante entender que eu não posso ficar e que, quando você receber essa carta, já estarei longe de você.

Preciso que entenda de uma vez por todas que não podemos mais tentar ficar juntos. Chega de "mais uma vez". Meu coração me matou dia após dia, durante todos esses anos. E o assassino agora já não existe mais em meu peito.

Pode ser que, mesmo eu torcendo para que isso não aconteça, nos vejamos um dia, pois você foi importante em minha vida e isso vai mudar, mas não agora.

A vida nos implora para voarmos em direções opostas, para que não continuemos empurrando com a barriga um amor que está à beira de um precipício fundo e escuro, motivado pela recusa de não querer dizer adeus.

Você não imagina como eu me esforcei para chegar até aqui. Como criei coragem. E como doeu. É muito tarde agora. Preciso cuidar da minha ferida e aprender com as minhas cicatrizes.

Lembre-se de não me chamar.

Nem me escrever.

Nem me encontrar.

Quando você pensar que precisa estar comigo, lembre-se de que a única coisa de que preciso é ficar longe de você.

NÃO ESTOU DIZENDO "NÃO"
POR NÃO TE AMAR.
ESTOU DIZENDO "NÃO"
PORQUE EU ME AMO
E SOU MINHA PRIORIDADE.

DIZER ADEUS

O peso do desinteresse alheio multiplicado por nossas expectativas causa mais ilusões que um show do Houdini.

Se as desculpas são constantes e a humilhação virou amiga do amor, é hora de dizer adeus.

Pare de empurrar com a barriga o que já não te faz feliz. Isso não é só uma fase. Não vai passar. O que passa a cada segundo é a oportunidade de dar um basta em tudo isso e viver em paz.

As expectativas criam um mundo único em nossa cabeça, que nos faz acreditar que o futuro é certo, fácil e eterno. Elas dão um tapinha em nossas costas para impulsionar o primeiro passo, mas nos passam a perna no segundo. Tudo isso para priorizar quem não nos prioriza. A companhia perfeita das incertezas, das promessas vazias. A pessoa que só sabe nos brindar com ausências.

Criamos expectativas para tentar suprir a fome de sentimentos que entraram em extinção nesse mundo cheio de regras estranhas, onde o desinteresse é interessante e a honestidade é brega.

O tempo passa e não percebemos os sinais, pois tudo isso está aniquilando a nossa crença em nós mesmos e na possibilidade de um amor verdadeiro. Em troca, recebemos a indiferença, a solidão e o desamor.

Espero que deixemos parar de olhar para o céu para nomear estrelas com sobrenomes de final feliz e possamos olhar para o rumo que nossos passos tomam, assim, os riscos de tropeçar em uma expectativa diminuem.

ALGUNS FINAIS SÃO NECESSÁRIOS.
SEJAM EM SÉRIES DE TV
OU NAS SÉRIES DE VACILOS
QUE AS PESSOAS
NOS PRESENTEIAM.

5

VOLTA POR CIMA

SOLTEIRO

Fugindo de todo tipo de clichê, nunca fui a favor do desapego. Sou a favor do amor e da felicidade.

Viver um relacionamento, repartir momentos da vida com alguém... é simplesmente sensacional dividir a sua vida com outra pessoa e aprender que confiança e cumplicidade são a base de tudo, são coisas impagáveis. Salvar uma receita gostosa que viu na internet e esperar ansiosamente e com água na boca o final de semana só para fazê-la com quem se ama.

Quando estamos solteiros, é normal, às vezes, sentir falta disso, mesmo sabendo que choramingar o que passou não resolve nada. O ideal é seguir aquela dica batida que todo amigo dá: curta a vida de solteiro! Aproveite tudo, agora mesmo! Vista a fantasia de "coração carnaval" e vá para a folia, para depois ter certeza de que fez tudo e mais um pouco nesse momento singular da sua vida.

Sei que acionar o alarme da carência, de certa forma, vai te aliviar um pouco, mas você quer realmente fazer isso? Apesar do turbilhão de sentimentos, é importante lapidar nossa inteligência emocional.

Não é mais fácil você desligar o alarme que soa dentro da sua cabeça? Claro que você, assim como eu, tem suas fraquezas, mas procure não dividi-las com qualquer pessoa.

Ser solteiro é muito mais do que ficar com várias pessoas. É ter sua liberdade ampliada ou em estado de paz. É ir para a balada com a turma toda e não ter hora para chegar. Ir aos barzinhos com os mais chegados sem dar satisfações. É não ter que cuidar de ninguém a não ser de nós mesmos. É viajar em sua própria companhia ou mesmo querer ficar no quarto. Você e você.

Confesso que já fui da opinião de que viajar com companhia é bem melhor, até pegar minha mochila e sair sem rumo, apenas em sintonia com os meus pensamentos e um fone de ouvido tocando minha playlist preferida no Spotify. Foi quando percebi todos os detalhes do que a vida pode nos proporcionar. Foi quando aprendi a me curtir, a me amar e a depositar apenas em mim a responsabilidade de ser feliz.

A vida de solteiro nos ensina a pegar segurança em nós mesmos, a querer coisas novas e a amadurecer ao quebrar a cara.

A fase de solteiro é o auge das boas lembranças, que são necessárias para chegar ao futuro e querer realizar algo ainda mais intenso e marcante na companhia de um novo amor.

Temos mania de desejar o que não possuímos, por isso, é fácil encontrar pessoas que estão solteiras e infelizes, pois desejam alguém de forma tão intensa que acabam deixando de lado a grandeza de viver o hoje. Viva o momento e deixe que o destino se encarregue do resto. Não que eu acredite cegamente em destino, mas, de certa forma, acreditar que estou predestinado a encontrar uma pessoa incrivelmente interessante me tranquiliza.

Então, confie no que estou dizendo. Hoje, você pode não se identificar com esse texto, mas daqui a um, dois, três anos ou, quem sabe, no próximo mês, vai pensar: foi só uma fase e eu perdi um tempão reclamando.

Não existe uma fase melhor ou pior que a outra, existem fases e em todas elas nós podemos ser felizes. Tudo na vida é um aprendizado.

Ser solteiro é namorar a vida.

> MANTENHA A CALMA.
> O TEMPO ENCAIXARÁ
> CADA PEÇA EM
> SEU LUGAR E NADA
> FICARÁ SEM SOLUÇÃO.
> MAS DÊ TEMPO AO TEMPO,
> POIS ELE É QUEM TRARÁ
> O QUE VOCÊ MERECE.

EU ME PERDOO

Eu me perdoo. Por todas as vezes em que me coloquei para baixo. Por todas as vezes em que ignorei os meus princípios para engolir as doses de desamor que você despejava com um conta-gotas em meu peito.

Eu me perdoo. Por me render à carência e aceitar suas migalhas em forma de sentimentos. Agora, eu escolho ser feliz. Irei plantar bons sentimentos para colher belos frutos de um amor sem agrotóxicos.

Hoje, escolho ser feliz. Buscarei a evolução de cada parte que me falta. Sabe aqueles pequenos detalhes que sempre tentei encontrar em outro alguém? Pois bem, chegou a hora de reconstruí-los.

O tempo me ensinou que de nada adianta ficar com alguém que rega nossos sentimentos dia sim, dia talvez e dia não. Cultivar um amor requer tempo e todos nós temos as mesmas 24 horas por dia, a diferença é que o sono e o desamor consomem horas e horas dos desinteressados. Uma pena. Pois quem perde não me cultivando até o florescimento, nunca sou eu.

Mas, dessa vez, será diferente. Não vou esquecer de cuidar de mim e de cultivar os melhores sentimentos, pois sei que a minha companhia ainda é a melhor coisa com que posso contar nos dias nublados.

Hoje, lembrei do seu desamor e decidi me perdoar. Me perdoo por ter vendado os meus próprios olhos. Mas agora chega. Usei a venda para fazer um laço em meu cabelo, pois tenho muita coisa para viver.

Me liberto de toda praga disfarçada de bem-querer que brota de tempos em tempos em minha vida. Agora, só irei cultivar meu próprio amor.

NÃO SE CULPE.
VOCÊ APENAS TENTOU
ENCONTRAR O AMOR EM
UM LUGAR QUE NÃO ERA SEU.
FECHE A PORTA E OLHE AO REDOR.
O ACASO IRÁ TE SURPREENDER.

NÃO SE SINTA EGOÍSTA

Não se sinta egoísta por fazer escolhas que alimentam a sua paz mental. Jogue para a lata do esquecimento todo o lixo emocional e as chantagens que te causaram dores mais fortes do que batida de dedinho em quina de sofá.

Chute para longe todas as promessas de um futuro colorido que te fizeram acreditar, enquanto construíam muros bem altos para tirar a sua liberdade. Voe alto, mas tão alto, que você sinta a luz do brilho de uma estrela.

Quando estiver desconfortável e pensar em sair de um lugar em que você não se encaixa, mesmo este lugar sendo frequentado por pessoas que você gosta, não se sinta mal. Não é errado. Muito menos motivo de dúvidas ou pensamentos depreciativos. O que realmente te diminui é continuar forçando a barra consigo.

Chegou a hora de deixar para trás tudo aquilo que não te leva para frente. Você merece alguém que te faça caminhar pela vida de um jeito leve, sem medo e sem o desconforto capaz de gerar bolhas nos pés.

A MATURIDADE
EMOCIONAL CHEGA
QUANDO DEIXAMOS DE
NOS IMPORTAR COM QUEM
NÃO SE IMPORTA CONOSCO
E PASSAMOS
A CONTEMPLAR COMO
É DELICIOSA A NOSSA
PRÓPRIA COMPANHIA.

DESCULPE, MAS VOU CUIDAR DE MIM

Passei tempo demais me preocupando com uma pessoa do talvez, da indecisão. E o tempo passou. Fui me deixando de lado, perdendo o brilho no olhar e colorindo um terrível sorriso amarelo de descontentamento. O amor é fácil, difícil é tolerar essa impaciência que é esperar e se doar demais a alguém que se doa menos. Desculpe, mas vou cuidar de mim.

Não quero saber como você está ou se precisa de socorro para resolver os seus dramas irresponsáveis. De agora em diante, me coloquei como prioridade em minha vida. E quer saber? Está sendo incrível.

Já fazia muito tempo que eu não me admirava em frente ao espelho nem parava para respirar um pouco, reparando nos pequenos detalhes que deixei passar enquanto focava os olhos apenas em você.

Confesso que tive medo de te reencontrar. Ainda tenho. Cada esquina é um alívio por não ter que topar com a sua cara usando a famigerada máscara de pena e solidão. Tentei por incontáveis vezes saber sobre você, em uma tentativa de ajudar, talvez, ou quem sabe, me iludir novamente com falsas melhorias. Hoje, o meu peito está cicatrizado. E, por mais que ainda existam boas recordações embaixo de cada uma das cicatrizes, prefiro manter essas memórias enterradas dentro de mim.

Por inúmeras vezes, reconstruí as nossas pontes sentimentais, na esperança de seguir cada vez mais longe ao seu lado. Mas você sempre me puxou para trás. O tempo passou e aprendi que, às vezes, precisamos queimar pontes, pois, assim, a única maneira de resistir é seguindo em frente.

ALGUMAS PESSOAS
QUEREM COISAS MATERIAIS;
EU SÓ QUERO PAZ,
MUITAS VIAGENS,
MOMENTOS FELIZES,
CONQUISTAS E TER POR
PERTO PESSOAS QUE ME
QUEIRAM BEM.

JOGUINHOS: NÃO MAIS

Se fazer joguinhos está na moda, prefiro seguir a tendência brega.

Já esperei por mensagens e ligações que nunca chegaram, pois em alguma cartilha de regras mundiais do desinteresse está escrito que devemos ser ausentes, para que assim o outro saiba valorizar o tempo dado a ele. Quando dado. E, mesmo querendo proximidade, devemos sumir. Devemos tratar mal, mesmo querendo tratar bem. Resumindo: devemos ser idiotas na esperança de que o jogo seja apreciado pelo outro player.

Mas, de agora em diante, eu ditarei as regras. E, se quiser tentar jogar comigo, pode assoprar a fita do seu jogo até se cansar, pois não vai rolar.

Não quer me ligar, tudo bem. Vou te bloquear. Talvez assim, você aprenda com a falta. Talvez assim, perceba que fingir desinteresse não te torna interessante. Para que manter o número de alguém com quem não quer contato?

Parece radical, eu sei. Infantil? Acredito que não. Estou apenas protegendo a minha paz mental.

Infantil é a atitude de quem fez bola de meia com meu coração, chutou pra lá e pra cá e me esqueceu na gaveta até o próximo sábado de carência.

E quer saber como lidamos com crianças crescidas? Tirando o seu brinquedo preferido. Se eu fui por muito tempo o seu passatempo, chegou a hora de você passar um tempo se desculpando aos céus, arrependido de cada jogada errada enquanto estive ao seu lado.

Hoje, em plena paz, enxergo você como um jogo de 7 erros: um quebra-cabeças incompleto que foi pro lixo.

EM UM MUNDO REPLETO
DE PESSOAS ADEPTAS
AOS JOGUINHOS,
NÃO DEIXE QUE
TE CONTROLEM.

A VIDA É MELHOR NO PRESENTE

Por que ficar fantasiando coisas que não aconteceram? "E se...?" Já foi. Passou. E, felizmente ou infelizmente, aconteceram de outra forma. Enquanto não inventarem uma máquina do tempo, é melhor parar com esse apego ao passado e focar o presente, olhando para a frente e tendo nas costas uma mala recheada de aprendizados.

Essa história de remoer o passado e encher a mente com milhares de "se isso, se aquilo" serve somente para uma coisa: nos torturar. Nada vai mudar ou voltará, por mais que você passe, todos os dias, horas e horas, pensando no assunto. Mais uma vez: foi, aconteceu, é isso aí, acabou, boa sorte.

Se o apego ao que passou é por conta de algum erro cometido, peça desculpas, assuma o estrago à sua volta e reconheça as mágoas que estão guardadas em seu coração. Perdoe a si mesmo. Perdoe os outros. Está tudo bem, a vida já pode seguir tranquilamente.

Siga em paz na certeza de que só existe vida no agora e no amanhã. Quando não temos problema em perdoar, percebemos que todos nós precisamos de uma segunda chance em algum momento da vida e que, se ficarmos presos ao passado, não teremos a chance de consertar pequenas falhas.

A vida precisa ser leve, com mais gargalhadas que causam vergonha em público e abraços demorados quando estamos com pressa.

Aprendi em minha trajetória que, para ser bom em algo, na maioria das vezes, precisarei ser ruim antes. E isso não é uma vergonha. Quando você passa a observar que os valores opostos são complementares e que para ver um belo amanhecer é necessário passar por uma noite escura, tudo fica mais simples e leve. Pois você sabe que é no futuro que as coisas acontecem. Seja na manhã seguinte ou na próxima década.

Um dia iluminado sempre estará à sua espera.

HOJE, VOU RESPIRAR FUNDO,
PEGAR LEVE COM MEUS
ERROS DO PASSADO
E PENSAR EM PLANOS
RACIONAIS PARA O FUTURO.
NÃO DEIXAREI QUE AS
MINHAS PREOCUPAÇÕES ME
CONTROLEM, NEM QUE O MEDO
CUBRA OS MEUS OLHOS.
HOJE, SIMPLESMENTE, VOU
CONFIAR E RECORDAR A TODO
MOMENTO QUE FOI SÓ UMA
PÁGINA MANCHADA E QUE,
NO FINAL DA HISTÓRIA,
TUDO FICARÁ BEM.

TRAUMAS

Entenda que tudo na vida passa, inclusive as dores de agora. No início, você vai querer se enfiar em um buraco, viver de Doritos e de chocolate enquanto assiste às pegadinhas do Silvio Santos. Você poderia se esconder com todos os seus traumas e tristezas para sempre, pois parece que a vida nunca mais voltará aos eixos. Mas vai. E acreditar que vai é o ponto mais importante. Quase tão importante quanto fazer algo para que as coisas melhorem. Mas fazer o quê? Sinceramente, se eu soubesse, já seria um homem milionário.

Quando certas coisas acontecem, fica difícil confiar em outras pessoas. Se apegar e se entregar de olhos fechados, ou mesmo fazer planos futuros com outra pessoa, acaba virando um roteiro de missão impossível. Aquilo que aconteceu, aquela pessoa que te magoou, de repente passam a representar um mundo inteiro de outras pessoas, ofuscando até mesmo o brilho daquelas que são interessantes.

Todo mundo vai parecer um potencial namorado agressivo, uma potencial amizade desgastante e você imagina que toda relação pode ser uma enorme e infindável disputa de poder e hostilidade entre duas pessoas.

Se você dá biscoitinhos para o seu cachorro toda vez que o leva ao veterinário, uma hora ele irá perceber e recusar os biscoitos. E chega um momento em nossas vidas que paramos de querer os biscoitos, pois pensamos que eles estarão sempre ligados a uma visita surpresa ao veterinário e a uma dolorosa injeção.

Nosso inconsciente acaba se programando para associar toda ação de bondade ao interesse, que é seguido por uma atitude desagradável.

Mas atenção: precisamos tomar cuidado para não perder as oportunidades e para não afastar pessoas interessantes por conta do nosso medo. Não vim aqui, sugerir que você deixe alguém guardado no bolsinho de moedas. Longe de mim. Só acredito que seja perigoso presumir que todo mundo que se aproxima de você seja um potencial ex-namorado infiel ou um amigo venenoso.

Admito que não é fácil se recuperar, que demora para passar, mas, enquanto não passa, você não pode perder de vista a luz no fim do túnel.

POR ISSO TE
ADMIRO TANTO:
VOCÊ SORRI COMO
SE NUNCA
HOUVESSE PASSADO
POR NENHUMA
TEMPESTADE.

A PRESSA PARA CASAR PODE DESTRUIR A SUA VIDA

Esses dias, em um pub com alguns amigos, conversamos sobre pessoas que não aceitam a possibilidade de não se casarem. O papo foi bacana, pois estavam na mesa pessoas de todos os estados civis: casadas, solteiras, em noivado e ainda uma pessoa que dizia que estava "solteira, mas nunca sozinha". E eu, membro da sociedade secreta das pessoas que se apaixonam diariamente.

Concordo que cada um tem o direito de desejar, acreditar e sonhar o que, em e com o que quiser, mas, depois da conversa, percebi que talvez, analisando friamente as entrelinhas, casar não seja mesmo algo tão grandioso assim.

Mas, calma lá: logo eu dizendo isso? Sim. Pois, realmente, não é algo essencial para a vida. Para quem é ávido por casamento, isso pode até soar um pouco ofensivo ou como pura besteira. Ou inveja de quem se casou. Mas pretendo explicar meu ponto de vista e, se mesmo assim sua opinião não mudar, vá em frente, prepare o seu traje de gala, contrate o bufê que você mais gostar para chegar ao altar e seja feliz.

Percebi que, por estar incansavelmente em busca de uma relação duradoura, perdi pequenos momentos. Perdi sorrisos despretensiosos e tímidos enquanto buscava por um sorriso emocionado após o tão sonhado "sim". Perdi pequenas peças de um quebra-cabeças que sempre estará incompleto. Peças que, talvez com muita sorte, estarão escondidas dentro de um bolso falso no vestido de noiva ou no terno do noivo.

Hoje, vejo e admito que faço tudo planejado, com rótulos que fazem as coisas simples perderem a fluidez e entrarem em um ciclo turbulento. Com os aplicativos de relacionamentos, saímos de casa tendo um primeiro encontro agendado. Nada é surpresa. Você sabe que estarei de camiseta vermelha. Você sabe que vamos nos beijar em frente à sua casa. Três encontros depois, aplicaremos a lei da exclusividade para mostrar que queremos algo sério e com fidelidade. Depois, dentro de um ou três meses, estaremos namorando.

O namoro é a virada de ampulheta para os apressados, quando todas as atitudes serão pensadas de forma a preparar o terreno para dar o próximo passo: o noivado. Não estou dizendo que você não deve ter planos, apenas que traçar metas de vida para os próximos cinquenta anos com alguém que você conhece há um parece extrema loucura.

Sair, ficar, namorar, noivar, casar e todos os outros nomes que indicam relação entre duas pessoas são apenas status e mais nada. É como um jogo de RPG, repleto de fases, testes e missões. Ficamos viciados na evolução e planejamos estrategicamente o avanço pelo caminho mais curto. Não sei você, mas eu quero estar em um relacionamento para compartilhar momentos, dividir fardos, ser feliz e conquistar (ou construir) um mundo ao lado de alguém especial, não para avançar um nível ou passar fases parecendo estar em uma eterna disputa de egos, muitas vezes motivada por um casal conhecido que acaba se tornando rival.

Não quero ser como um lutador em busca da faixa preta. Sempre preferi viajar tranquilo, ao lado da janela, admirando os incríveis detalhes do caminho até o destino final.

Por que não podemos simplesmente aproveitar a vida a dois sem a pressão dos holofotes das redes sociais? Um papel cheio de carimbos e assinaturas de testemunhas, um par de alianças, o status do Facebook ou um sobrenome diferente não irão diminuir uma gota de todo o mar de amor que sentirei em meu peito.

A melhor terapia para curar um amor é amar. Mas estou falando de amor genuíno, que não termina nem enfraquece após uma mensagem não lida rapidamente. Aquela história de "crise" só existe quando passamos tempo demais tentando arrumar as coisas para ficar tudo bem, procurando trazer de volta uma felicidade que já esteve ali, mas foi encoberta pelos problemas que reviramos.

Podemos viver muito bem sem papel passado, cerimônia, véu, buquê ou, até mesmo, sem as fotos ou filmagens que muitas vezes só servem para reunir momentos engraçados em encontros familiares aos domingos. E isso você pode muito bem conseguir assistindo a qualquer programa de TV.

E, por mais que possa parecer, não estou cravando uma bandeira em prol dos solteiros e dos que acham que a vida a dois é pura balela. Apenas quero que este texto te faça abrir os olhos para um assunto que, sim, deve sempre ser levado em conta e a sério, mas não tão a sério a ponto de fazer você perder noites em claro. Aprenda que um casamento é apenas um casamento. Um evento.

De que adianta comemorar bodas de ouro se a felicidade ficou esquecida nas bodas de papel?

Eu valorizo, quero viver e quero também que você viva experiências intensas, junto ao aprendizado cotidiano, doação, prazer, cumplicidade e encorajamento. Quero que o sentimento de "na saúde e na doença" apareça antes mesmo de eu ter que jurar isso na frente de uma plateia.

Deixe o celular de lado, troque carinhos e sinta a conexão verdadeira que, para ser sincero, dificilmente veremos nas fotos daquele casal maneiro do Instagram, que roda o mundo fazendo poses e registrando sorrisos amarelos. Sentimentos reais não precisam ser capturados em fotos e muito menos ser expostos em cerimônias.

Seja feliz hoje, agora, já; e não espere por data marcada e nenhum convite no mundo para amar com toda intensidade a pessoa ao seu lado.

O amor é simples. E sua felicidade não precisa de contrato.

NÃO TENHA A OBRIGAÇÃO
DE SEGUIR PLANOS E CUMPRIR
METAS QUE NÃO FORAM
TRAÇADAS POR VOCÊ
PARA AGRADAR A OUTRO ALGUÉM.
VOCÊ TEM DIREITO DE CRESCER,
ESCOLHER NOVOS CAMINHOS E
SER RESPONSÁVEL POR UMA
REVOLUÇÃO DE MELHORIAS
EM SUA PRÓPRIA VIDA.

RECOMECE

Não importa onde a sua vida estacionou ou o momento em que você se cansou de seguir em frente. O que importa é que você pode recomeçar.

Você pode (e deve!) dar uma nova chance a si mesmo. Renovar as esperanças e acreditar novamente em você.

Se sofreu, leve isso como um aprendizado. Interprete as lágrimas como uma limpeza da alma. Transforme toda a sua raiva em perdão e veja a solidão como uma sala de espera onde, sozinho, você aguarda a porta para o novo se abrir. E é por essa porta que você verá a luz refletir o prazer das coisas simples.

Recomece! Aonde você quer chegar? Sonhe alto, ria alto e sempre entregue o seu melhor. De coração. Qual a sua meta de vida? Qual seu plano de ação? Meta sem ação é apenas enrolação, sabia?

Jogue na lata do esquecimento tudo o que te prende ao passado. Jogue fotos, sentimentos, palavras e pensamentos negativos. Esvazie totalmente o seu coração e vá.

Vá leve, pois assim você chega mais rápido. Só você tem o mapa com o trajeto do recomeço traçado detalhadamente pelas vontades do seu coração, junto com um livro em branco para escrever uma nova história.

É FANTÁSTICO QUANDO
A GENTE SE PERDOA E ACEITA
ENCARAR UM RECOMEÇO,
QUANDO ABRAÇAMOS OS NOSSOS
DEFEITOS E DEIXAMOS DE LADO
MIGALHAS EMOCIONAIS PARA
NOS ALIMENTAR DE AMOR-PRÓPRIO.
É REALMENTE MARAVILHOSO QUANDO
DEIXAMOS PARA TRÁS QUEM
POR MUITO TEMPO NOS ENCHEU
COM SENTIMENTOS DE INCERTEZA
E PASSAMOS A AMAR E CUIDAR
DE QUEM VEMOS NO
REFLEXO DO ESPELHO.

6

RECOMEÇO DA VIDA

DIGA "NÃO"

Aprenda a dizer "não", pois nenhum "sim" contrariado alimentará a sua paz mental. Se coloque como prioridade e avalie secamente todo o entulho emocional disfarçado de obrigação que empurram para baixo do seu tapete.

Ter empatia é importante, claro, mas se sacrificar individualmente por um problema que não é seu não vale as olheiras e o cansaço.

Quando pensar que dizer "não" é uma maneira de ativar automaticamente brigas e desgastes em relações, lembre-se de como você fica ao dizer "sim". De todo o desgaste que já passou até aqui, aceitando tudo aquilo que não faz parte de você. A boa e velha educação, aliada à honestidade, irá fazer você ter jogo de cintura, mantendo amizades, amores e afins. Está tudo bem em não aceitar tudo o que as pessoas impõem a você. Não perca a elegância por isso.

Deixe pra lá essa necessidade de agradar e pensar primeiro nas impressões dos outros a seu respeito. Pense primeiro em você. Parece egoísta, eu sei, mas reflita quem é que vai viver com as consequências? Antes de querer contentar o mundo que não se importa de verdade com você, coloque na balança o que pesa mais: julgamentos alheios ou a sua tranquilidade emocional? Parece que temos um campeão.

O amor da sua vida é você. A vida e as pessoas irão tratar você da forma como você se trata. Não fique em lugares que te sufocam. Não tente se encaixar em espaços que não foram feitos sob medida para você. Não se esqueça de você. Não se esqueça de que, quando a noite chega, é só você e você.

E, se mesmo assim, ao anoitecer, o sentimento de culpa aparecer debaixo da cama, fique em paz e lembre-se: não se sinta egoísta por escolher algo que alimente a sua paz mental.

DIVERSAS VEZES,
DEIXAMOS PASSAR
PEQUENOS DESCONFORTOS,
POIS PENSAMOS QUE É
O CONTRAPESO DO AMOR, MAS NÃO.
NADA QUE É PARA SOMAR
OU MULTIPLICAR IRÁ
SUBTRAIR A SUA PAZ.

RESSIGNIFICAR

Chegou o momento de ver as coisas com outros olhos, aliás, com bons olhos. Entenda que há luz na escuridão e que está tudo bem. Ressignifique a ideia de sofrimento para a ideia de aprendizado, pois agora você possui experiência suficiente para escapar das ciladas que diariamente nos cercam.

Seguir em frente com a certeza de aprendizado elimina boa parte dos traumas futuros e também desfaz aquele sentimento de culpa que tenta te assombrar quando você relembra aquilo que poderia ter sido um potencial relacionamento duradouro, mas virou apenas um passatempo com final trágico.

A sensação de aprendizado te deixa com o coração aberto para novas experiências, mas, agora, com a maturidade de quem sabe o que quer.

Faça as pazes com o seu passado para seguir em frente sem impedimentos ou barreiras mentais, pois, por mais que ignorar ou esquecer todas as aflições possa parecer o mais sensato a se fazer, acredito que encarar o medo é a melhor maneira de eliminá-lo. Ou minimizá-lo.

Busque também o ressignificado das suas reclamações, trocando o eterno sentimento de insatisfação pela vontade de novas descobertas, pois você merece um horizonte ilimitado.

Pare com a mania de imaginar como seria o passado e passe a olhar para frente. A vida não para. O tempo não para. E cada segundo do seu dia é valioso demais para perder tempo com uma história que nunca terá um final feliz.

A vida é uma jornada repleta de desafios, e precisamos de ânimo para enfrentá-los, encontrando força nas adversidades e motivação para seguir em frente diante de qualquer tempestade, tendo em mente que o sol brilhará outra vez. E, quando brilhar, você precisa estar em pé para receber os primeiros raios e conseguir aquecer novamente o seu coração.

A VIDA É MUITO CURTA PARA FORÇAR LAÇOS QUE NÃO FUNCIONAM E SE SOLTAM LOGO NA PRIMEIRA TEMPESTADE.

A MELHOR VINGANÇA É SEGUIR EM FRENTE

Troque a vingança pela vontade de não parar no tempo, tendo a certeza de que um dia encontrará alguém que irá se encaixar em você de um jeito único, que não sinta medo de andar de mãos dadas nem vergonha de carícias públicas. Alguém que solte a gargalhada mais engraçada do mundo, cuspindo todo o copo de suco no meio da sua hamburgueria preferida logo no primeiro encontro. Conexão imediata, como você sempre sonhou.

Alguém com quem você possa cantar dentro do carro a sua música preferida, fazendo um dueto de felicidade instantânea. Você merece alguém que te traga a sensação de leveza de volta, mostrando que o amor é fácil — difícil é quem não sabe amar.

Você merece alguém que te olhe nos olhos e decifre a intensidade do beijo que você precisa naquele exato momento: se for na boca, um beijo que pare até a sua respiração; se for na testa, um beijo vocacionado para a sua proteção. Mas também que te console quando tudo estiver uma bagunça.

Alguém que lhe dê atenção, respeito, mas que também dê chocolates naqueles dias de tensão. Que lhe faça pequenas surpresas, com flores ou cactos, mas que faça por amor, ou para alimentar o amor. E não como pedido de desculpas nem para compensar arrependimentos.

A melhor vingança é seguir em frente e perceber que você não precisa mais implorar por migalhas em forma de amor para tentar alimentar uma relação falida. No lugar de migalhas, você receberá uma confeitaria inteira com os melhores sentimentos e sensações do mundo.

Você vai se sentir a pessoa mais sortuda do planeta! E, então, quando toda a sua memória estiver ocupada por bons momentos, você vai perceber que a melhor vingança foi seguir em frente.

A VIDA É COMO UM GRANDE
QUEBRA-CABEÇAS, CADA PEÇA TEM
SEU LUGAR, RAZÃO E UTILIDADE.
NÃO INSISTA NA TENTATIVA
DE ENCAIXAR PEÇAS
INADEQUADAS EM SUA VIDA.

PERDOE E LIBERTE-SE

É extremamente difícil perdoar uma pessoa, ainda mais depois de confiar a vida a ela e receber uma apunhalada pelas costas. Projetamos expectativas e vontades, passamos por momentos de crescimento e, quando menos esperamos, tudo se transforma em ruínas.

Sentimos medo, insegurança, raiva, tristeza e o peito apertado. Dói, não é mesmo? Mas essa dor só será sanada quando você aprender a perdoar.

Tudo bem, você se esforçou por muito tempo e tudo acabou desse jeito, mas realmente deseja mudar o seu jeito intenso e lindo e começar a espalhar coisas ruins para o mundo, apenas para não se arrepender futuramente? Acredito que não, pois você é uma boa pessoa. Então, siga espalhando o bem. Siga se doando. Siga com intensidade.

E com essa intensidade, perdoe. E liberte-se.

Você precisa evoluir e soltar as amarras que te impedem de ir além, mas, para isso, precisa eliminar todo o rancor do seu peito, para que possa se encher de boas energias e voar alto.

Perdoe e saiba que, em toda relação, nós precisamos fazer a nossa parte. E você fez a sua muito bem. Mas, quando a balança pende mais para um lado, é o momento de respirar fundo, olhar nos olhos e dizer: "me desculpe, mas eu mereço mais. Te perdoo pelo pouco que me ofereceu. O problema não sou eu, mas sim nunca caber em seu peito todo o amor que eu pretendia te dar. Adeus."

QUANDO NOS DAMOS CONTA DE QUE NUNCA FOMOS ILUDIDOS E DE QUE TUDO NÃO PASSOU DE FALSAS IDEALIZAÇÕES, FICA MUITO MAIS FÁCIL REENCONTRAR O CAMINHO DA ESTABILIDADE EMOCIONAL.

VOCÊ É TÓXICO QUANDO...

O amor incondicional é facilmente confundido com posse. Toda aquela mentirada do "eu te amo tanto", "você é minha", "estou fazendo isso para o seu bem...". Chega! Tóxico é permitir que as palavras de ordem e prisão se confundam com as de amor e paixão.

Se provoca lágrimas de tristeza em vez de alegria, não é amor. Se desperta o seu lado sombrio e te impede de florescer, dê um basta. Não sabote seu próprio bem-estar aceitando falsas juras de um desamor que só te traz dor. Amor não é doença, mas existem pessoas que são o próprio veneno a longo prazo e vão te matando dia após dia.

Dizem que você é ingrata, que não valoriza todo o amor que te entregam e que ninguém irá te amar como ele te ama. Quanta besteira! E tomara mesmo que ninguém te ame da mesma forma abusiva e cheia de posse que vai na contramão do verdadeiro amor.

O amor é leve, energiza e traz confiança. Te faz dormir em paz e acordar com a certeza absoluta de que um dia incrível a espera, pois sabe que poderá contar com uma pessoa absurdamente maravilhosa. O amor não é nada menos que saber que se pode voar alto, sem a sensação de que irão cortar as suas asas a qualquer momento.

Você se sabota quando se deixa para depois e se acostuma com o desdém. Quando flerta com o tempo perdido e abre mãos dos seus sonhos; quando chora de tristeza e acha que é de saudade, sem perceber que está tentando somar com um zero à esquerda, fazendo a relação ficar estagnada diante do abuso manipulador e do sorriso amarelo.

O amor real não manipula, não vira a mesa para o seu lado e não aponta os dedos de acusação. E se você cresceu com a ideia de "a gente não escolhe por quem se apaixona", trago uma novidade que irá mudar a sua vida: você pode escolher. E, a partir de hoje, não escolherá mais nenhum mal como companhia para a sua vida.

NÃO EXISTEM DESCULPAS PARA
QUEM TEVE INÚMERAS CHANCES
DE TE FAZER O BEM E
PREFERIU VACILAR.
QUER DAR MAIS UMA
CHANCE PARA ALGUÉM?
DÊ PARA VOCÊ!
QUANDO O SEU CORAÇÃO
ESTIVER RECUPERADO,
VOCÊ TERÁ
O MELHOR ALIADO.

GRATIDÃO

Quero propor um desafio: nos próximos trinta dias, você vai agradecer por tudo. Tire o foco do que você considera grandes vitórias e perceba as pequenas vitórias e os inúmeros motivos que você tem para agradecer por sua vida.

Está fazendo o seu TCC? Agradeça por estar na reta final do seu sonho. Está no trânsito? Agradeça por ter um carro. A meta que o chefe lhe impôs é surreal? Deve ser porque você é uma pessoa capaz de atingir a meta, pois, se não fosse, não teria o emprego. Agradeça por tudo. Absolutamente tudo.

É normal ouvir "ah, mas você não entende as minhas lutas" para tentar justificar a própria intensificação da infelicidade. Para isso, o segredo é o mesmo: por mais que você tenha motivos de queixa, existem milhares de razões muito maiores para se sentir grato. A tristeza só vem quando você escolhe concentrar-se no que o afeta e não nas maravilhas que tem.

Está infeliz? Faça da infelicidade um alarme que direciona a sua mente e energia para a prática da gratidão.

Agradeça pelo passado, pelo presente e pelo futuro. Por ter adquirido experiências com situações passadas e que hoje você consegue lidar sem surtos nem aflições, preparando-se cada vez mais para um amanhã ainda melhor.

Pense em como, durante todos esses anos, as coisas aconteceram de uma maneira incrível e como você tem pessoas especiais ao seu lado e que se importam com você e sua evolução pessoal.

Formaturas são importantes e casamentos são incríveis. Mas a vida não é feita apenas disso. Quando foi a última vez que você ligou para uma pessoa querida para dizer que estava com saudade, que ela lhe faz bem e mencionar que gostaria de agradecer por tê-la em sua vida? Ah, não se lembra? Faça isso.

A sensação de receber o carinho de volta vai ser incrível.

Reclamamos demais. Valorizamos o que não nos satisfaz. Se temos trinta conquistas e dois problemas, os dois problemas tomam todo o nosso tempo. Choramos mais pelas gotas do leite derramado do que pelos litros consumidos.

Por isso, só por hoje, poderíamos pensar em encher o coração de gratidão. E fazer desse "só por hoje" um costume para os próximos trinta dias. Tem uma janela aí? Vá até ela e olhe para a rua, para o céu e tente ver o lado bom da vida.

Todos nós temos motivos para reclamar, mas temos muito mais motivos para agradecer.

Faça o teste usando a técnica de "caça ao tesouro", que nada mais é do que listar todas as bênçãos que você recebeu e recebe diariamente. Acrescente novos motivos para sentir gratidão e, aos poucos, será invadido pela felicidade. Uma coisa posso lhe garantir: é impossível sentir gratidão e infelicidade ao mesmo tempo.

MUITOS REPARAM APENAS
EM SEUS ESPINHOS.
CHEGAM RÁPIDO DEMAIS
E SE MACHUCAM.
MAS SAIBA QUE A CULPA
NÃO É SUA.
QUEM CHEGA E
VAI EMBORA
RÁPIDO DEMAIS
NÃO TERÁ A LINDA
OPORTUNIDADE
DE TE VER FLORESCER.

ZERO IDEALIZAÇÕES

Não idealize pessoas com quem sequer conviveu. Muito menos aquelas que se prepararam arduamente (às vezes, até construindo personagens) para ter um encontro com você. Esteja de coração aberto para conhecer defeitos e filtrar o que for necessário.

As pessoas são falhas e, mais cedo ou mais tarde, as idealizações podem cair e, com elas, caírem todas as expectativas de um relacionamento maduro e único. Aceite que cada pessoa possui uma bagagem de tamanho e peso diferentes, inclusive você.

Prefira alguém que carregue com orgulho o aprendizado dessas bagagens, tendo a consciência de que ninguém merece pagar o preço por carga extra. Alguém que saiba que responsabilidade afetiva é extremamente importante e que as coisas se resolvem na conversa, sem jogos ou sumiços como castigo, com a intenção de intensificar o amor.

Não tente prender as pessoas no formato engessado que você imaginou, muito menos se prenda na gaiola de expectativas de outro alguém. Você é livre. O outro também. E, juntos, vocês chegarão mais longe, dividindo fardos e compartilhando momentos, crescendo e aprendendo. Jamais façam laços virarem nós.

O outro não é uma extensão sua e dos seus gostos, entenda isso. Por mais que a compatibilidade seja necessária, a individualidade deve ser mantida.

Viver o amor com zero idealizações é certeza de zero chateações. Amor é liberdade de escolha, não hierarquia.

QUANDO CANSAR
DE ESPERAR
ALGUÉM MUDAR,
MUDE VOCÊ!
E ESCOLHA ALGUÉM
QUE TE FAÇA BEM.

NEM TODO AMOR TEM UM FINAL FELIZ

Nem todo amor tem um final feliz. E tá tudo bem! Eu não preciso ser o amor da sua vida. Não quero um feed de fotos no meu Instagram maravilhosamente caprichadas na edição, nem mesmo móveis que foram feitos sob medida para o tamanho exato dos nossos corpos.

Talvez, eu abra mão das viagens, dos projetos e do intercâmbio para que você possa me usar como um degrau e alcançar os céus. Talvez, só talvez. Mas decidi rasgar o meu papel de trouxa e não abrir mão do que faz o meu coração vibrar.

Chegou o momento em que as nossas diferenças gritantes bradaram alto em minha cabeça. E eu acordei. Resolvi sair desse sonho maluco que me prendia em um loop interminável de sensações mornas e medíocres. Eu te perdoo caso queira tentar viver a vida com outro alguém. Mesmo se fizer exatamente o que fazia comigo, tá tudo bem. Já não olharei para trás para ver você contrariando o seu coração. Na verdade, eu não me importo.

Hoje, sou eu que quero menos. E, para mim, menos é mais. Estou confortável em ficar de pijama devorando uma panela inteira de brigadeiro. Ou andar pela praia sem a necessidade de cobrir o meu corpo. Não que eu queira me mostrar demais, mas uma pessoa como eu é praticamente impossível não ser notada por bons olhos.

Quero resgatar a minha liberdade de ir e vir. Passar uma temporada fazendo trabalho social na África, e na temporada seguinte esbanjando a vida simples em uma cidadezinha na Itália. Sem julgamentos ou fotos com sorrisos forçados e sem graça para o Instagram. Dane-se o feed, eu quero é viver genuinamente feliz!

E toda essa felicidade com gosto de desprezo não quer dizer que eu não te ame mais, pois ainda te amo. É impossível esquecer de alguém que me ensinou tanto. Te agradeço por tudo, principalmente por me ensinar o que não quero para a minha vida.

Eu te amei o suficiente para te tirar da minha vida justamente no momento em que a minha felicidade poderia se transformar em tristeza. Meu sonho era ter você ao meu lado em todos os cantos do planeta. Hoje, quero você em um canto e eu no outro.

Entendi que o amor nem sempre tem um final feliz, mas a felicidade pode estar no ato de soltarmos as mãos para vivermos felizes, longe um do outro.

VOCÊ VAI SUPERAR E
LOGO ESTARÁ MELHOR.
SERÃO OS MAIS FANTÁSTICOS
DIAS DA SUA VIDA INTEIRA!
VOCÊ VAI REALIZAR TODOS
OS SEUS SONHOS ANTIGOS,
SORRIR PARA A VIDA E
AGRADECER MUITO POR
NÃO TER DESISTIDO.
SIGA LUTANDO E MANTENDO
A POSITIVIDADE, UM DIA RUIM
NÃO SIGNIFICA UMA
VIDA INTEIRA INFELIZ.
O MELHOR ESTÁ POR VIR!

7

LIBERTAÇÃO, SUPERAÇÃO E [EX]QUECIMENTO

ACEITE SEU RENASCIMENTO

Foram muitas noites maldormidas e olheiras que não seriam cobertas nem com tinta de parede. Não valeu a pena, eu sei. Mas aceite que, se essa porta fechou, abrirão maiores e melhores.

Você terá uma vista tão linda que saberá que finalmente encontrou o paraíso. Mas, para isso, é preciso aceitar e deixar ir.

Aceite as emoções e o luto momentâneo, entenda de uma vez por todas que a decisão foi tomada e será melhor assim daqui para a frente. Entenda também, e principalmente, que a maior perda não foi sua, mas sim de quem te perdeu.

Agora, é a hora do seu renascimento. Agora, exatamente agora, é o momento em que você aceita e deixa ir. Já passou o momento de tristeza, descrença, raiva e carência. Agora, é hora de seguir o baile.

Aceite os convites dos amigos, refaça os laços desfeitos, dance, sinta, viva. Voe. Ou desça até o chão, é você quem decide. Ninguém mais controla você. Você está em liberdade. E esse é o melhor presente que pode receber.

Tome atitudes como quem tem compromisso marcado para viver a vida com intensidade.

Aceite que você merece o mundo.

Aceite que você é incrível.

QUANDO DIZEM
QUE ALGO VIRÁ,
NEM SEMPRE SIGNIFICA
UMA OUTRA PESSOA.
PODE SER ESTABILIDADE,
LIBERDADE, MATURIDADE
E PAZ MENTAL
EM ABUNDÂNCIA.

PODE CHORAR

Muitas lágrimas desceram pelo seu rosto rasgando a pele, liberando tudo aquilo que estava acumulado e apodrecendo dentro de você.

Foram centenas de gritos abafados no travesseiro e incontáveis gritos silenciados por lágrimas que te afogaram como um tsunami de liberdade.

Chore. Limpe o seu coração e clareie a visão dos seus olhos para que eles possam enxergar novos caminhos. Não acumule silêncios, gritar faz bem ao coração.

Grite bem alto todas as vontades que ficaram engasgadas e viviam reprimidas dentro do seu peito.

Você precisa liberar as dores junto com o perdão, tendo a consciência de que todo término é um processo intenso, cheio de dores, frustrações e arrependimentos.

As lágrimas também servem para limpar todo esse mix de sensações ruins e fazer a paz reinar novamente. Chore sem medo, deixe escorrer cada pedacinho de sofrimento, mágoa e descrença no amor. Limpe tudo aquilo que você plantou e que sabe que não vai colher. Abra espaço para novos brotos surgirem e em breve você vai voltar a florescer.

FELICIDADE OU TRISTEZA?
É VOCÊ QUEM DECIDE
DE QUAL LADO
VAI ESTAR.

CUIDE-SE

O término de um relacionamento é uma das principais causas da amnésia de amor-próprio. Nós sabemos que temos que nos cuidar e seguir em frente, mas dez minutos depois já estamos largados no sofá comendo alguma coisa gordurosa e atrofiando, além dos músculos, a vontade de ver a vida com bons olhos novamente.

Coma bem e não se maltrate tanto, você tem muitas aventuras e descobertas pela frente e precisa estar revigorada para dar conta das inúmeras coisas boas que chegarão em sua vida. Durma bem, sem perder tempo atravessado madrugadas em claro para stalkear uma pessoa que já está seguindo sem você.

Cuide do seu templo e do seu tempo, pois eles são suas prioridades a partir de agora.

Só você poderá fazer isso acontecer. O sofrimento por si só não te fará mais forte, o que fará são as atitudes que você tomar agora. E, quando digo agora, é nesse exato momento. O sofrimento é um alerta de que, sim, você aprendeu a lição e agora deve fazer alguma coisa.

Levante, beba água, prepare o seu café. Coloque uma roupa confortável e vá caminhar. O céu está lindo e tudo passa mais rápido. E sabe o que é bom? O céu sempre muda, você nunca vai enjoar de vê-lo com suas cores e desenhos diferentes. Então, mude também, e não se canse de você. Tire a cabeça do travesseiro, dê play na sua música preferida e dance. Dance como se o mundo estivesse te admirando.

Sei que a vida pode parecer um tanto sem graça quando perdemos alguém, mas você ainda precisa ter bom ânimo para cuidar da pessoa mais espetacular que conhece e não deixar que ela se afogue em meio às lagrimas.

Enxugue essas lágrimas e abra a janela, um dia lindo espera por você.

E, sempre que achar que precisa de um amor para cuidar de você, lembre-se: o amor da sua vida é você. Cuide-se!

CUIDE DE VOCÊ.
SEJA FELIZ COM VOCÊ.
CONTEMPLE A SUA COMPANHIA.
OUÇA O SEU CORAÇÃO.
REALIZE SONHOS ANTIGOS.
ALIMENTE-SE BEM.
E NÃO ACEITE MIGALHAS
EM FORMA DE SENTIMENTOS.

RECONSTRUA PONTES

O maior erro de toda relação é afastar-se de pessoas que sempre estiveram ao nosso lado independentemente da maré. Amigos e família jamais devem ser descartados. E, se a pessoa que estiver iniciando uma convivência com você fizer tanta questão disso, ela é quem deve ser descartada.

Agora, é hora de reconstruir as pontes que foram derrubadas pela insegurança de quem preferiu te isolar em uma ilha de sentimentos, te privando de viver em paz com um mundo inteiro de relações saudáveis. Foi triste, não foi? Ter que acordar e decidir que, dali em diante, cortaria todas as raízes que, durante anos, fizeram você ser a pessoa brilhante que é.

Recupere os bons contatos e costumes. Jogue o celular de lado e visite pessoas queridas. Fale de seus planos, trace segundos encontros e reveja quem diz estar sentindo saudade.

Você precisa abrir seu coração para pessoas que se preocupam genuinamente com você, sem a necessidade de oportunismo ou interesse em algo que você tenha. Sem que usem as suas falhas como uma arma contra você. Você precisa acreditar novamente que há pessoas que te querem bem. E nada mais justo do que se reconectar com quem já se tem afinidade fortalecida.

Aproveite o reencontro com essas pessoas que trazem a sensação de que a intimidade não se perdeu com o tempo e procure apoio emocional. Não há vergonha alguma em desabafar. Não há vergonha alguma em responder "não estou, mas quero conversar para ficar", quando te perguntarem se está tudo bem.

Expulsar esses sentimentos que te causam tristeza só irá ajudar ainda mais no processo de seguir em frente. E, mesmo quando o outro não possuir palavras para consolar, não tem problema. Você já colocou para fora tudo aquilo que tirava o seu sono. Agradeça o bom ouvinte e tenha certeza que um abraço apertado carrega o poder de curar qualquer coração quebrado.

RESPIRE FUNDO, NÃO DESISTA.
TUDO FICARÁ BEM!
LOGO VOCÊ IRÁ AGRADECER
A SI MESMO POR
NÃO TER DESISTIDO.

ABRACE AS MUDANÇAS

Sabe todas aquelas mudanças que você gostaria de fazer mas teve medo do que iriam pensar? Ou mesmo todas as suas maiores vontades, aquelas que foram engavetadas e praticamente esquecidas, trancadas à força por decisão de outras pessoas? Pois bem, chegou a hora de colocá-las em prática.

A sua vida pede mudanças. E, quando eu digo mudanças, não estou falando que você deve arrumar três malas grandes, comprar uma passagem sem volta para outro país e iniciar uma nova vida do zero. Estou falando de pequenas mudanças diárias que produzirão uma guinada radical em sua rotina.

Se cortar cinco dedos no comprimento do cabelo era um problema para quem dizia te amar como você é, agora você deve fazê-lo, pois apenas a sua opinião importa.

Se cultivar novas amizades abalava a confiança de quem nunca foi confiante o suficiente para acreditar em você, agora isso não é mais um problema. O mundo está de braços apertos para te abraçar.

Leia livros diferentes, como aqueles em que a princesa viveu muito bem sem o príncipe no final. Aprenda novas receitas, mas também física quântica e astronomia. As suas amarras caíram e o céu nunca foi o limite para alguém como você. Escreva a sua própria crônica de amor, desamor e aventura. Viaje pelo planeta em sua própria companhia, levando na mala todas as vontades e descobertas que fazem o seu coração bater em um ritmo acelerado.

Descubra o novo! As portas do mundo são abertas todas as vezes em que você decide mudar e inovar. Os horizontes são surreais. E você já pode levantar essa cabeça que passou tempo demais olhando para os pés de quem felizmente saiu da sua vida. O mundo é seu, por onde você quer começar?

Se quiser começar devagar e apenas mudar a cama de lugar, comece. Você pode trocar aventuras intensas pelo conforto do seu cantinho e ver um filme. Tá tudo bem também. É gostoso demais poder dormir no meio de um suspense sem ser acordada com cotoveladas e cara feia de outro alguém.

NÃO CUSTA NADA
APRENDER COM OS
ERROS DO PASSADO.
MAS QUERER VIVER
OS ERROS NOVAMENTE,
POR PURA TEIMOSIA,
PODE CUSTAR MUITO CARO.

NÃO FOI UM ERRO

Apesar do término desgastante de uma relação que parecia promissora, admita: muita coisa boa aconteceu. Não foi um erro. Todo o amor e essas coisas boas aconteceram genuinamente para fazer você acreditar que boas relações ainda existem. Podem não durar para sempre, mas o problema, ou melhor, o desajuste, foi por conta da compatibilidade.

Amar não é um erro.

Recorde com carinho de todos os bons momentos vividos e tire aprendizado até mesmo dos desentendimentos, pois só assim você conseguirá entender a dinâmica que sustenta a convivência a dois. Só assim terá jogo de cintura para passar pela montanha-russa de sentimentos que é compartilhar uma vida com alguém.

Tudo aconteceu da melhor maneira possível, acredite. Você fez o possível, se doou e, se não deu certo, isso não é motivo para se fechar simplesmente e passar a considerar que tudo o que você viveu foi um erro... ou viver no casulo do "a culpa foi minha".

Saia do casulo com a certeza de que o amor não faz mal, quem faz mal são as pessoas que não sabem amar.

E, se te fez feliz, não classifique como um erro.

AFASTE-SE DE PESSOAS QUE
FAZEM VOCÊ ACREDITAR
QUE ESTÁ EXAGERANDO
AO DESCREVER
ALGUMA COISA
QUE REALMENTE
TE MACHUCA.

DESCONECTE-SE

Não adianta tentar se distrair estando conectado e navegando no mesmo mar em que as águas te trarão más recordações. Desconecte-se.

A maneira mais sensata que irá ajudar no esquecimento não é o bloqueio. Sim, bloquear, às vezes, é libertador, mas acredito que o bloqueio deve acontecer quando as ofensas e quebras de privacidade acontecem. Bloquear de graça é sinal de pura imaturidade.

Quando o término é limpo e a outra pessoa decide seguir uma vida em paz sem você, sem ligar, sem enviar mensagens, sem procurar você para passar o tempo, sem matar saudade e, muito menos, sem se lembrar de você, mas ainda assim você teima em procurá-la nas redes sociais para se castigar, o que é o ideal a se fazer?

Não culpe o outro pela curiosidade que você tem. Não deposite o seu descontentamento em alguém que sabe cultivar a própria felicidade. O outro não é tóxico por seguir expondo a vida aparentemente feliz que leva: acaba sendo tóxica a pessoa que se importa demais com isso.

E quem é a única pessoa que poderá livrar você dessas aflições? Você.

Desative notificações, troque o tempo on-line por um novo hobby, pratique algo inédito. Viva o mundo real! Ele está cheio de oportunidades maravilhosas prontas para serem exploradas. Você merece correr por grandes campos e outros continentes, chega de correr os dedos por essa tela de celular.

Pare um pouco de sacrificar sua saúde mental toda vez que tenta explorar o feed em busca de notícias de felicidade e novidades de amor de um desamor.

A SUA TRANQUILIDADE EMOCIONAL
É MUITO MAIS IMPORTANTE
DO QUE TENTAR DESVENDAR
COISAS QUE NÃO MERECEM
SUA ENERGIA E ATENÇÃO.
DESCANSE ESSE CORAÇÃO!

ANTES SÓ

A carência é um perigo, principalmente por ser normal criar vínculo afetivo com alguém. Mas, depois do fim, é melhor soltar e deixar ir, pois de nada vai adiantar permanecer amarrado pelo mesmo nó a vida toda.

Mesmo quando a saudade bater, coloque na balança tudo aquilo que você sentia, ou tentava sentir, mas não conseguia. Toda a má vontade disfarçada de bem-querer e todas as vezes em que a solidão andou de braços entrelaçados com você.

O seu caminho precisa estar livre para a chegada das coisas boas. Cada vez que você tenta armar ou fantasiar uma possível volta, quem anda para trás no jogo da felicidade é você.

E, quando pensar que precisa urgentemente de uma companhia, lembre-se: antes totalmente só do que acompanhado, mas sentindo-se só, no olho do furacão da solidão.

CHEGARÃO PESSOAS
EM SUA VIDA
PARA ENSINAR O QUE
NÃO É O AMOR.
E VOCÊ ENSINARÁ A ELAS
O QUE É DIZER ADEUS.

DESISTA

Estou cansado de como as coisas estão acontecendo em minha vida e, de uma vez por todas, desisto.

Desisto de dar brecha para a autossabotagem, de abrir o meu coração para todas as coisas que me destroem e desisto, de uma vez por todas, de aceitar menos do que eu mereço.

O sucesso está diretamente ligado ao pensamento de merecimento e, quando desisto de metas incríveis, o que me resta são insignificâncias medíocres. E eu não quero mais ficar com as sobras.

Quando você deixa de ter esperança aliada à ação e apenas vive com a remota expectativa de que as coisas se concretizem, algo vai acontecer, é claro, mas nunca será o que de fato você merece. O que você prefere: levantar da sombra e colher a maçã madura ou esperar que ela caia podre na sua cabeça? Pois bem, somente o seu esforço fará com que você alcance o que é melhor para a sua vida.

Quais são os seus maiores sonhos? Não estou falando daquela viagem para Paris que seria totalmente incrível, mas que um punhado de dinheiro resolveria. Quero saber o que realmente faz o seu coração vibrar.

O que você faria de graça? Essa é a pergunta. Pense com calma. Elabore a resposta.

Quando descobrimos o norte da felicidade genuína, é exatamente o momento de desistir. Desistir de tudo aquilo que não nos levará em direção ao que merecemos. Desistir do que atrasa nossa felicidade.

E você, quando irá desistir?

Eu espero, de coração, que seja agora.

VOCÊ NÃO É UMA OPÇÃO.
VOCÊ É UM PRIVILÉGIO.
E QUEM NÃO TE VIU ASSIM,
SINTO MUITO, MAS
NÃO SABE O QUE PERDEU.

FELIPE ROCHA

Depois de passar pelas fases de um relacionamento, Felipe aprendeu que escrever sobre isso, talvez, iria lhe ajudar a lidar melhor com os percalços, e foi assim que nasceu seu segundo livro. Além dos costumeiros bilhetes, o autor também aposta em pequenos textos que são tão certeiros quanto suas frases.

Siga o @tipobilhete nas redes sociais:

(f) TipoBilhete
(ig) @TipoBilhete

Primeira edição (fevereiro/2020) · **Sexta reimpressão**
Papel de miolo Ivory Slim 65g
Tipografia Alice e Felipe Rocha
Gráfica Santa Marta